KB267860

Big 데이터 노후경영

Big 데이터 노후경영

초판 1쇄 인쇄	2012년 11월 22일
초판 1쇄 발행	2012년 11월 29일

지은이	김 웅 열
펴낸이	손 형 국
펴낸곳	(주)북랩
출판등록	2004. 12. 1(제2012-000051호)
주소	153-786 서울시 금천구 가산디지털 1로 168, 우림라이온스밸리 B동 B113, 114호
홈페이지	www.book.co.kr
전화번호	(02)2026-5777
팩스	(02)2026-5747

ISBN 978-89-98268-23-7 13320

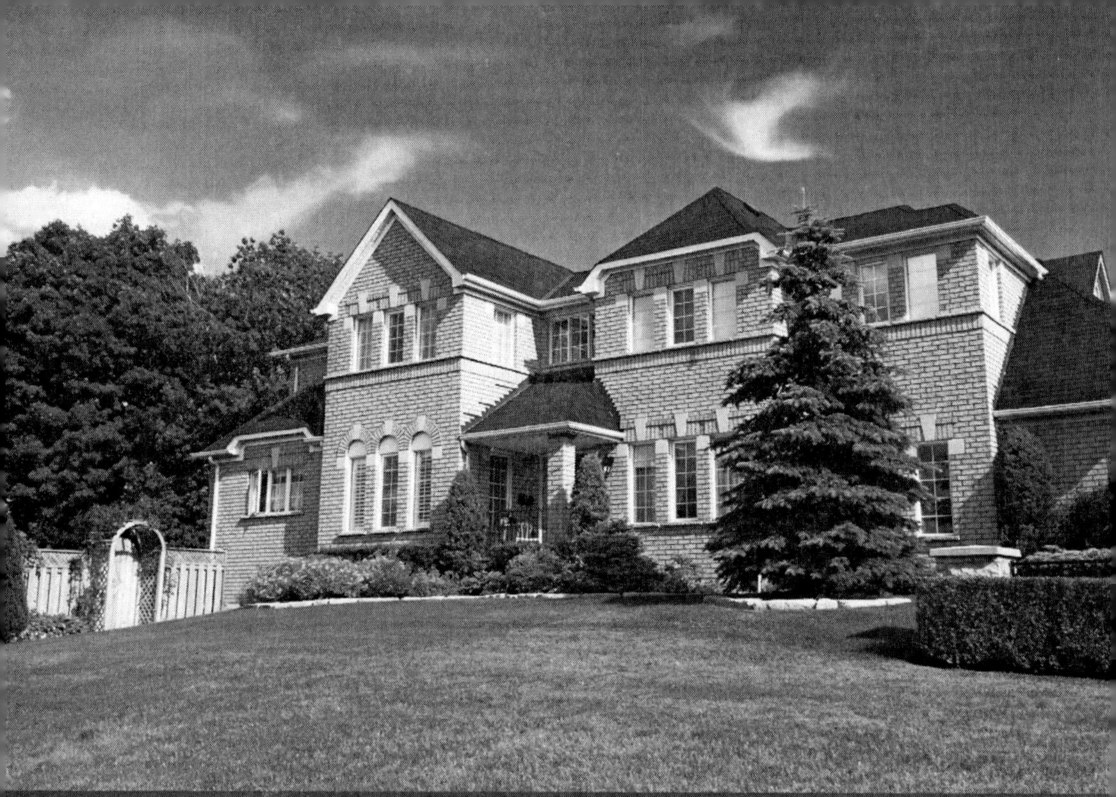

재무설계 3총사 프로그램제공 - 저자 블로그 kindkim1.blog.me

김웅열 저

Big 데이터 노후경영

나의 시간의 크기는 나의 노후연금 크기이다… 시간은 돈이다.

「일주일짜리 재테크 MBA」에 이은 김웅열의 노후준비 재테크 전략 [실천편]

book Lab

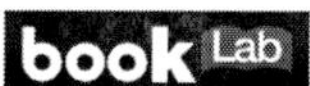

새벽 출근, 바쁜 일정 그리고 야근… 우리들의 일상은 늘 바쁘다. 바쁘다 보니 눈앞의 외형적인 현상만 보게 되고 내면의 큰 그림을 보기가 참 어렵다. 내일 출근을 위해 일기예보 보고 비가 온다고 하면 우산을 준비한다. 하지만 은퇴 후 반평생 살아가야 하는 집을 짓는다면 다음날 일기예보는 필요 없고 그 지역이 따뜻한지 추운지 즉 기후를 살펴보아야 한다. 변덕스러운 내일 날씨처럼 금융시장도 매일 상황이 바뀐다. 하지만 크게 보면 지역별로 일정한 기후처럼 투자자산에도 일정하게 반복되는 특성이 있다. 우리들의 노후준비 투자는 은퇴 전 20~30년 은퇴 후 30년이나 되는 반세기 프로젝트이다. 내일의 날씨(변덕스러운 금융시장 상황)가 아니라 그 지역의 기후(투자자산 특성)를 살펴보아야 한다.

두뇌는 입력된 정보 즉, 오감에 의존한 감성과 장기간 현장경험 및 사실정보 지식이 모아진 이성으로 판단한다. 청소년은 일시적으로 감성 정보가 두뇌에 많이 전달되지만 점차 이성적 정보전달이 증가되어 따듯한 감성과 날카로운 이성이 잘 균형 잡힌 성인으로 성장한다. 투자도 마찬가지다. 여러분의 두뇌에 수시로 변하는 일기예보와 같은 단편적인 감성정보가 아니라 지역별 기후처럼 큰 투자지식과 투자자산별 특성에 대한 사실적 객관적 합리적인 이성정보(금융의 Big data)가 전달되어야 성공적인 투자결과를 기대할 수 있다.

기업은 사실정보를 바탕으로 한 전략과 세밀한 실무전술 그리고 중단 없는 추진력으로 승부한다. 노후준비도 바른 투자전략과 정교한 투자관리 도구 그리고 중단 없는 추진이 핵심이다. 데이터 노후경영이란 젊음과 노후기간동안 나의 자산을 균형 있게 배분하는 과정이다. 지금 여러분에게는 통장하나 더 만들고 여기저기 좋다는 금융상품 찾아다니는 부지런함이 중요한 것이 아니다. 먼저 내비게이션을 켜서 목적지를 찾은 다음 목적지까지 가는 길을 마치 비행기를 타고 하늘에서 내려다보듯이 살펴보아야 한다. 저자는 이책을 통해 여러분과 같이 비행기를 타고 20~30년 뒤 기대한 노후연금을 받을 수 있는 바른 길을 보여드리고자 한다.

여러분이 기차여행을 할 때 여행사 통해서 티켓구입만 하면 되지 기관차 엔진까지 공부할 필요는 없다. 다만 티켓가격은 인터넷으로 확인해야 한다. 마찬가지로 데이터 노후경영을 위해 여러분이 복잡한 금융을 공부할 필요는 없다. 여행사(금융기관)에서 자신의 취향(노후생활방식)에 맞도록 로얄석, 우등석, 일반석을 골라 티켓을 사면된다.

여행 티켓을 잘 사기 위해서 여러분이 필요한 것은 세 가지이다. 첫째 (표1, 표3 연금계산기)내가 필요로 하는 노후연금을 받으려면 언제, 얼마를 몇% 수익률로 투자해야만 하는가? 둘째, (표10-1 자산선택)계산된 수익률을 받으려면 어디에 투자해야 하는가? 셋째, (표36-1 실적점검) 바른 투자전략에 맞게 정말 재대로 투자되고 있는지 중간 중간 어떻게 점검하는가?

저자의 미션은 투자 전문서적에 있는 금융의 빅 데이터를 여러분께 전달하여 장기투자전략을 살펴본 후 3개의 재무설계 3총사 프로그램 도구를 저자 블러그를 통해 제공하여 위 세 가지를 여러분 스스로 각자의 상황에 맞게끔 직접 해 볼 수 있게 한다. 그리고 생업에 바쁜 내가 투자를 위임하되 공정한 가격에 노후준비 티켓을 구입할 수 있도록 확실하게 관리함으로써 데이터 노후 경영이 가능하도록 도와드리는데 있다. 과연 내가 할 수 있을까? 걱정하실 필요 없다. 집에 컴퓨터만 있으면 누구나 할 수 있다.

프랑스의 중산층 기준(퐁피두 대통령이 '삶의 질'에서)은 직접 즐기는 스포츠가 있어야 하고, 다룰 줄 아는 악기가 있어야 하며, 남들과는 다른 맛을 낼 수 있는 요리를 만들 수 있어야 하고, '공분'에 의연히 참여하며, 약자를 도우며 봉사활동을 꾸준히 하고, 외국어를 하나 정도 하는 것 이라한다. 영국의 중산층(옥스퍼드대학 제안)기준은 페어플레이를 할 것, 자신의 주장과 신념을 가질 것, 독선적으로 행동하지 말 것, 약자를 두둔하고 강자에 대응할 것, 불의 불평 불법에 의연히 대처하는 것이라 한다.

노후가 불안하면 마음의 여유가 부족하여 중산층이 될 수 없다. 하지만 여러분이 금융의 Big data를 가지고 약간의 활용방법을 알면 투자에서 최후의 승리자가 되어 진정한 중산층의 즐거움을 누릴 수 있다. 명심하자! 단기 전략으로는 여러분은 절대 승리할 수 없다. 하지만 장기적으로 반드시 승리한다.

〈 참조 문헌 〉
- Modern Portfolio Theory and Investment Analysis
  - Elton, Gruber, Brown, and Goetzman
- Investment Analysis and Portfolio Management
  - Frank K. Reilly and Keith C. Brown
- Fundamentals of Financial Management
  - Eugene F. Brigham, Joel F. Huston

글쓴이 김웅열은 우리은행에 근무하고 있으며,
13년 국제금융 실무경력(차관단대출, 유로본드, 선박·항공기 리스금융, 유동화·구조화금융, 부동산금융, 프로젝트금융의 주선 및 국제 채권투자 등)과 싱가포르 현지에서 다양한 국제투자 및 외화자금조달을 추진한 현장의 금융인이다. 국가 간 금융시장 연계거래 발굴과 기업금융과 개인금융 연계거래 개발이 특기이다. 다소 복잡해서 소수의 특권처럼 생각되었던 금융을 우리들이 수월하게 활용할 수 있도록 쉽고 간단하게 풀어서 설명하고 몇 가지 관리 도구를 제공하여 투명하고 공정한 금융시장 발전을 통해 개인과 기업 모두가 Win-win 하는데 기여하고자 한다. 〈일주일짜리 재테크 MBA〉 저자

▶ **금융상품** : 은행, 증권, 보험사 등의 금융기관이 우리에게 판매하는 상품(부록10 참조)을 말한다. 대표적인 금융상품으로는 은행의 예금. 적금, 증권회사의 주식, 채권 그리고 보험사의 생명보험, 연금보험상품 등이 있으며 여러 가지 금융상품을 복합하여 만든 파생금융상품도 있다.

▶ **금융시장** : 금융상품이 거래되는 곳을 말한다. 은행의 예금과 대출거래 그리고 증권사에서 주식과 채권이 발행되고 유통되는 시장을 통틀어서 금융시장이라고 한다.

▶ **복리** : 이자금액이 다시 투자되어 이자의 이자가 불어나는 현상을 말한다. 숫자 72를 연수익률로 나누면 원금이 두 배 되는 기간이 계산된다. 사례) 72/10%=7.2년 즉, 1억이 2억 되려면 7.2년이 걸리고, 2억이 4억 되려면 똑같이 7.2년이 걸린다는 의미. 이는 마치 눈덩어리가 굴러가듯 수익이 커지는 현상과 비슷해서 '스노우볼(Snow ball)효과'라고도 한다. 참조로 아인슈타인이 복리의 발견을 8대 불가사의로 간주할 정도로 매우 중요한 투자의 핵심원리이다.

▶ **확률** : 동전을 던지면 앞면과 뒷면이 나올 가능성이 각각 반 (1/2) 반(1/2)이다. 이때 발생 가능성 1을 전체 발생할 경우 2로 나눈 값(1/2=0.50)을 퍼센트로 하면 50%가 된다. 이렇게 계산된 50%를 확률 값이라 한다. 확률 값은 기대하는 어떤 상황이 발생될 가능성의 크기이다. 달리 설명하면, 50% 확률 값이란 100번 중 50번이 발생되는 경우를 말하며 90% 확률 값은 100번 중, 90번이 발생되는 경우이다.

확률과 복리 개념은 바른 투자방법의 핵심사항이므로 잘 새겨 두자.

CHAPTER 4   최선의 선택 ·95

〈블러그 제공 프로그램〉 kindkim1.blog.me

1. 동영상강의 : 연금계산기 사용법
2. 재무설계 3총사
　1) 연금계산기 (표1)
　2) 인생수지표 + 연금계산기 (표 3)
　3) 펀드실적 점검 (표36-1)

재테크? 데이터 노후경영

1 우린 투자를 해야 한다. 그러나 투기를 해서는 안 된다

재테크? 여러분이 이미 많이 들어 본 단어이다. 독자 중에는 '모든 일에 기본이 중요하므로 열심히 일해서 돈을 모으면 되지 요란스럽게 재테크가 왜 필요할까? 재테크를 잘못하면 오히려 손해만 보더라.' 하고 생각하는 이도 있다. 사실 맞는 말이다. 재테크 잘못하면 손해를 볼 수도 있다. 하지만 열심히 일해서 어렵게 번 돈을 제대로 관리하지 못해도 손해가 발생하는 것 또한 사실이다. 재테크를 잘못해도 손해 볼 수 있고, 재테크를 안 해서 제대로 돈을 관리하지 못해도 손해 볼 수 있다면, 바른 방법의 재테크로 수익의 기회를 가지는 것이 좋다.

정말 100세 시대?!

영국 속담에 '빈 자루는 서 있지 못 한다'는 말이 있다. 열심히 일할 기회가 주어진 동안에는 어떻게 해서든 생활할 수 있다. 그러나 일할 기회가 없는 노후에 적절한 생활을 하기 위한 돈 역시 필요하다. 의료 기술의 발달로 노후의 삶은 최소 은퇴 후 30년 이상 연장되었고, 저축한 돈이나 연금도 일부 있겠지만, 정말 100세까지 긴 노후 생활을 보내기에는 부족하다.

그래서 우리는 투자(Investment)를 해야 한다. 그러나, 투기(Speculation)를 해서는 안 된다. 투자란 애초 기대했던 수익이 달성될 가능성이 큰 방법을 말하며, 투기란 마치 복권을 사는 것처럼 가능성이 매우 낮은 요행을 기대하는 방식을 말한다. 하지만 지금의 투자 여건은 그리 만만치 않다. 우리가 투자하는 주변의 상황이 과거보다 많이 바뀌었다. 앞으로 자세하게 설명하겠지만, 우리가 투자하는 금융상품(채권, 주식, 예·적금 등)은 실물경제와 함께 성장하지만, 한국의 실물경제가 과거처럼 매년 두 자리로 성장하는 것이 아니다 보니, 적절한 투자대상을 찾기가 쉽지 않다.

변화된 환경 속에서 과거보다 더 바른 투자 방식을 잘 선택하는 것이 중요해졌다. 투자 방식을 잘 선택하는 것은 지금 우리가 돈을 버는 능력보다 더 중요하다. 하지만 제대로 된 금융교육을 받을 기회가 부족한 우리는 대부분 금융 문맹인을 벗어나지 못하고 있기 때문에 바른 투자를 하기가 어렵다.

이제는 은퇴 이후 작은 부자가 되기 위해 잘 준비된 계획이 필요하다. 지금 재테크에 관한20%의 관심이 노후연금 80%를 좌우할 수도 있다. 이제 더 이상 금융 문맹인으로서는 긴 노후 생활을 지켜내는 것이 불가능하다.

약자인 당신에게 새로운 힘이 필요하다

학생 때는 공부와 미래 삶의 연관성을 깨닫는 것이 중요하고, 어른은 신뢰와 성실, 철학과 가치 있는 정도의 바른 생활을 실천하는 것이 중요하다. 노후 준비 투자는 저자 블러그에 있는 연금계산기 도구를 이용하여 내가 직접 간단하게 계산해 보며, 나의 미래를 직접 보고 느끼는 것이 아주 중요하다. 투자자산 유형별로 기대되는 수익률 데이터(표 7-1,2 표 10-1,2,3)를 활용하여 노후에 필요로 하는 연금을 받으려면, 지금, 매월 얼마를, 몇 %로, 몇 년간 어디에 투자를 해야만 되는지 직접 숫자를 입력하여 계산 해 보면 머리끝이 쭈뼛해질 것이다.

바른 투자를 하기 위해서는, 때론 적도 되고 친구도 되는 두 얼굴의 시장을 알아야 한다. 두 얼굴의 시장에 앞서 더 중요한 것은 시장에게 조롱당하는 우리 자신을 알아야 한다. 금융시장은 돈이 관여되는 냉혹한 프로들의 세계이며, 끊임없이 시장참여자들이 상호 견제하며 협력하는 전문가 시장이지만, 우리 개개인은 아마추어이다.

달리 이야기하면, 어떤 일을 하든지 전문 지식이 없으면 판단 오류의 위험이 커지고, 경험이 없으면 좋은 아이디어 발굴이 어렵고, 설사 아이디어가 있어도 이를 추진하기가 불가능하며, 열정과 네트워크가 없으면 일하는 재미가 없게 된다. 하지만 이 세 가지를 모두 갖추면 어느 분야에서나 성공할 수 있다. 기업은 사실자료에 근거해 잘 짜인 전략과 조직운영 시스템 그리고 경쟁자 대비 차별화된 상품으로 승부한다. 우리의 투자과정도 이와 똑같다. 금융시장의 사실 자료에 근거하여 각자의 투자 목적에 맞는 잘 짜인 전략을 정하고, 바른 투자 시스템(투자 관리 도구)을 보유하면서, 바른 금융상품을 선택한다면 우리도 승리할 수 있다. 익히 잘 알고 있는 투자의 달인, 워런 버핏은 성공적인 투자의 핵심이 '장기 투자와 복리'라고 했다. 세계적인 투자 전문사 피델리티를 운영했던 앤서니 볼튼은 투자 성공 요인을 '투자가 확률 게임이란 것을 이해하는 것'이라 했다. 성공적인 노후준비 투자의 핵심인 복리와 확률 효과 둘 다, 장기간 숙성의 시간 없이는 불가능하다.

비록 지금 여러분의 곳간은 비어 있더라도, 모두 가진 곳간 속의 소중한 보물이 하나 있다. 그것은 바로 시간이다. 이제는 소중한 보물인 이 시간을 잘 활용해야 한다. 이 책을 통해 스스로 물고기를 잡는 방법을 알리고자 한다. 그동안 우리는 금융 문맹인으로서, 항상 금융시장에서 약자였다. 그러나 이제부터 새로운 파워를 충전하자! 돈의 주인은 여러분이고, 싫든 좋든 다 여러분 책임으로 돌아온다. 시장에 당하지(?) 않으려면 이제는 조금은 알아야 한다. 이젠 투자에 대한 바른 인식과 핵심적인 몇 가지 지식의 파워를 공유하여, 간단한 도구를 가지고서 내가 직접 관리하고 주도해야 한다. 더 이상 남에게 의존하지 말자. 남은 결국 남일 수밖에 없다. 바른 투자 지식을 공유하여 나도 정의로운 펀드매니저가 되어 데이터 노후경영 통해 아름다운 노후준비를 해보자.

CHAPTER 2

데이터 노후 경영을 위한
몇 가지 기본 이해

1 이제 나도 재무 설계사(연금계산기)

영화 '소스코드'는 남자 주인공이 타임머신을 타고 출근열차 테러 사건의 발생시점인 과거로 돌아가서 타임머신이 작동되는 8분 안에 범인을 찾아 2차 테러를 막는다는 줄거리이다. 주인공은 앞으로 발생될 사건을 이미 알고 있으므로 시간여행을 하는8분 동안 편안한 마음으로 출근열차에 있는 사람들이 아름다운 인생을 느끼도록 하면서 사건을 해결 한다. 금융시장도 언뜻 보면 열차 안에서 범인 찾기처럼 혼란스러워 보인다. 하지만 오랜 시간 동안 금융이론과 실제 시장에서 확인된 몇 가지 반복적인 사실 데이터를 여러분이 본다면 바른 노후준비 투자로 영화 속 주인공처럼 여유롭고 알차게 인생을 누릴 수 있을 것이다.

금융은 고객의 질문에 "예/아니오"라고 답하는 것이 아니라 고객이 이루고자 하는 최종 목적을 정확하게 이해하여 현실적으로 실현 가능한 가장 효율적인 방법을 찾아 제시/안내하는 따뜻한 마음이 필요한 카운슬링 업무이다. 이 책은 장기간 시장데이터를 분석 검증해 보고 그 결과를 금융 전문서적의 분석결과와 같이 비교해 본다. 이렇게 함으로써 독자들로 하여금 워런버핏과 같은 투자 석학들이 개인 투자자들에게 알려준 소중한 충고를 공감하게 하여 모두가 작은 부자가 되는 바른 방식투자로 안내하는데 목적이 있다.

금융은 역사가 길다. 우리들의 투자활동에 영향을 주는 경제활동은 개인, 기업, 정부 모두가 이해 관계자들이며 서로 밀접하게 연관되어 있어 무척 복잡하고 정교하게 작동된다. 갈수록 복잡해지는 투자환경 속에서 성공적으로 부족하지 않은 노후 준비를 하기 위해서는 내가 할 수 있는 것과, 할 수 없는 것을 구분하여야 하는데 말이 쉽지 절대 쉬운 일이 아니다. 우리 모두 사람이다 보니 자주 실수(만용, 착각, 망각)를 반복하지만, 냉혹한 시장은 우리들의 실수(잘못 된 투자전략, 투자방식, 과다한 비용지급 등)를 절대 용납하지 않는다. 그래서 우리는 기업의 사업전략수립 과정처럼 사실 자료에 근거한 튼튼한 재무 설계 골격을 먼저 갖추어야 한다. 여러분이 도구와 정보(금융의 Big data)가 있으면 자신감을 가지게 되어 실현되기가 거의 불가능한 주변의 유혹을 뿌리칠 수 있다.

내가 기대하는 연금을 받으려면 지금 얼마를 투자해야 할까? 금융기관에는 금융상품이 많이 있는데 어디에 투자를 해야 할까? 난 시간도 없고, 정보도 없고, 도움 받을 전문가도 없는데 어디서부터 어떻게 시작해야 할까? 그냥 금융기관에 다 맡겨 두어도 괜찮을까? 많은 분들이 불안한 노후 때문에 조급한 마음으로 화살이 빗발치는 전장(금융시장)에서 열정 하나만 가지고 맨몸으로 부딪치고 있다. 여러분은 창과 방패와 갑옷(도구)을 입고 목표(노후준비)까지 가는 길에 놓인 장애물(실수, 만용, 착각)을 피하면서 승리하는 바른 전략이 필요하지만, 현실은 무모한 열정 하나만 믿고 내편인 시장과 싸우다가 장렬히 전사하고 만다. 너무나 안타까운 현실이다.

그래서 저자는 블러그에서 제공한 숫자만 입력하면 자동 계산되는 도구를 드려서 여러분들이 더 이상 남에게 의존하지 말고 내가 재무 설계사가 되어 바른 투자전략을 실행하고 관리하여 모두가 작은 금융전문가 작은 부자가 되도록 하고 싶다.

어디서부터 시작할까?

자, 이제 저와 함께 여러분 인생 재무 설계를 만들어 보자. 먼저 여러분이 필요로 하는 노후생활비 연금을 받으려면 지금 어떻게 해야 하는지 알아보자.

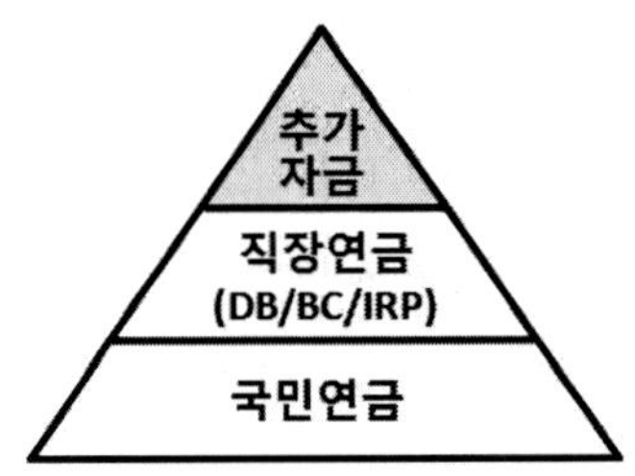

은퇴 후 노후 생활비 금액은 각자의 상황에 따라서 다양하므로 이미 준비된 자금(국민연금, 퇴직연금 등)이 있다면 이를 감안하여 자신의 상황에 맞추어서 적절한 금액을 결정한다. 대부분 직장인이 국민연금에 의무적으로 가입되어 있고 퇴직할 때 받는 퇴직금(직장연금)도 있어 노후에 일정수준의 연금을 기대할 수 있다. 하지만 국민연금 지급액은 급증하는 노령인구 때문에 계속 줄어들고 있고 퇴직금도 그리 크지 못한 현실을 냉철하게 생각하면 추가 자금이 필요할 것이다. 국민연금과 직장연금을 얼마인지 모르면 급여 담당하는 부서에 물어보면 된다. 노후 준비투자는 많은 사람들의 복잡한 이해가 얽혀 있는 돈이 관여된 현실문제이다. 막연한 이상적인 기대만으로 해결될 수 없다. 성공적인 노후준비 투자는 냉엄한 현실에 바탕을 두어야 한다. 월급이 3백

만 원인 직장인이 교육비, 생활비 지출하고서 매월 100백만 원을 투자할 수 없지만 20~30만 원 정도는 투자할 수 있다. 마찬가지로 매월 20~30만원 투자로 20~30억을 만들 수 없지만 투자원금의 10배 수준인 7~10억 원은 만들 수 있다. 그리고 이 정도면 그리 부족하지 않은 노후생활은 가능하다. 내가 현실적으로 가능한 수준에서 매월 투자금액을 정할 수 있듯이 노후준비 투자의 결과도 금융시장에서 현실적으로 가능한 수준에서 정해진다.

은퇴 후 매월 노후연금의 크기는 먼 훗날 은퇴 시점의 목돈크기(FV)에 달려있다. 그리고 은퇴 시 목돈(FV)의 크기는 지금 매월 투자하는 금액(PMT)과 은퇴까지 시간(N, time)의 크기 그리고 내가 선택하는 투자자산 유형별 수익률(I%)의 크기로 결정된다. 그 중 시간(time)의 크기에 가장 큰 영향은 받는다. 시작부터 조금 복잡하다고 느낄 수 있겠지만 여러분의 노후에 관여된 중요한 일이므로 조금 관심가지고 읽어보자. 절대 어렵지 않다.

이제 은퇴시 필요한 목돈을 모으려면 지금, 얼마를, 몇 년간, 몇 % 수익률로 투자해야만 가능한지를 계산해야 한다. 이를 계산하려면 재무계산기를 이용해야 하는데 이게 좀 어렵다. 예를 들어 [30]세 홍길동이 [60]세에 은퇴하여 노후 [30]년 동안 매월 약 [200]만원의 연금을 받으려 할 경우 HP12C 금융전문 계산기를 사용하여 계산하면 N(360), I(9%/12=0.75), PMT(200천원)를 입력한 후 FV를 누르면 은퇴 시 받을 366,149천원이 계산된다. 그리고 노후 매월 연금을 계산하려면 PV(366,149천원), I(6%/12=0.50), N(360), FV(0)를 입력한 후 PMT를 누르면 2,195천원이 계산된다. 그런데 금융전문 계산기는 값도 비싸고 정확하게 사용법을 익히려면 다소 시간이 걸린다. 항상 바쁜 금융인중 과연 몇 명이나 전문계산기를 이용하여 여러분의 다양한 상황을 감안해서 계산해 줄 수 있을까? 거의 없다.

대부분 이 작은 첫 번째 산을 넘지 못하고 중단하게 된다. 하지만 걱정하지 않으셔도 된다. 여러분께서 쉽게 사용하실 수 있도록 저자가 재무계산기를 컴퓨터(엑셀 프로그램)로 풀어서 '연금계산기'를 만들었다. 참조로, 여러분이 연금계산기를 깊이 이해할 필요는 없 다. 그냥 사용방법과 계산결과의 의미만 아시면 된다. 인터넷으로 저자 블러그 [☞ kindkim1.blog.me] 에서 '재무설계 3총사'파일을 다운받은 후 1번 파일을 열어보자. 파일암호는 712515 입력하면 된다 (표 10-1)의 투자자산 유형별 수익률을 보시고 은퇴까지 기간을 감안하여(표1, 재무설계 3총사 1번 파일)음영으로 표시된 박스 안 숫자를 바꿔보자. 20~30년 뒤 은퇴설계 결과가 지금 입력하는 작은 숫자에 따라서 크게 변경되는 것을 보면 여러분들이 지금 무엇을 해야 할지 확실하게 느낄 수 있을 것이다.

【연금계산기 사용법】음영으로 표기된 네모박스만 입력하면 된다.

①은퇴 후 추가로 필요한 매월 생활비 금액을 정한다. 표에 은퇴 후 매월 예상되는 국민연금, 퇴직연금 등 수입과 생활비, 의료비 등 지출을 각자의 상황에 따라 입력한다. ②지금부터 은퇴까지 기간 동안에 매월 투자 가능한 금액을 입력 한다. ③은퇴까지 기간을 입력한다. ④은퇴 후 노후생활기간을 입력한다.

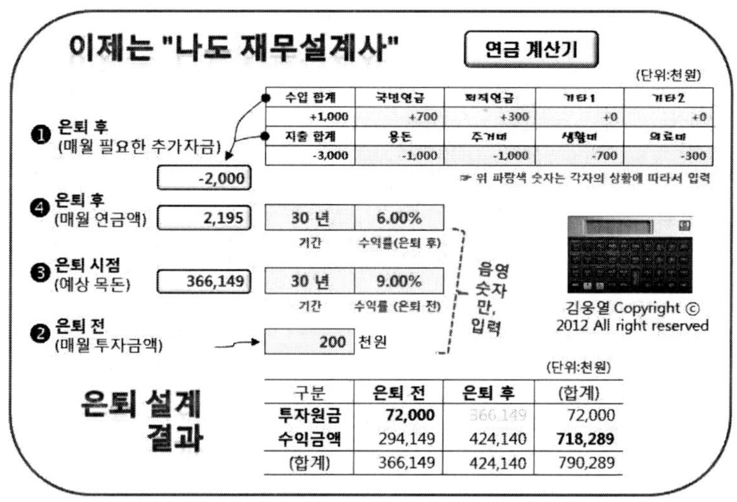

표1 연금계산기 저자 블러그 (kindkim1.blog.me) 게시

※ 주의사항: 수익률과 노후기간은 내 맘대로 변경할 수 있는 사항이 아니다. 그리고 어떤 이유로 지금은 어려울 것만 같아 보이는 연수익률 9%(은퇴 전)와 6%(은퇴 후)를 적용했는지는 이 책을 다 읽어보면 공감이 될 것이다.

HP12C 금융계산기로 복잡하게 계산한 앞 홍길동 사례는 (표 1) 연금계산기를 이용하여 몇 가지 숫자만 입력하면 모두 자동으로 계산된다. (표 1) 계산 결과를 보자. 매월 [20]만 원을 [60]세 은퇴 시까지 [30]년간 매년 수익률이 [9%]인 금융상품에 투자하면, 60세 은퇴 시 투자 원금은 [72]백만 원이지만 수익금은 [294]백만 원이 되어 원금과 수익금을 합하면 [366]백만 원이 된다. 은퇴 후 [366]백만 원을 다시 30년 동안 연 [6%]로 재투자 하면, 수익금 [424]백만 원이 추가로 발생되어 홍길동은 매월 [219]만 원의 연금을 60세부터 [90]

세 까지 받게 된다. 투자원금은 72백만 원이지만 원금의 10배가 수익으로 돌아오게된다. (표1)아래 '은퇴설계 결과'를 보면된다. [ ]안에 숫자는 개개인의 상황에 따라 은퇴전 기간과 매월 투자금액이 달라질 수 있으므로, 각자의 상황에 맞추어서 박스안의 숫자를 입력해 보자(연금계산기 동영상 이용 설명서는 제 블러그 kindkim1.blog.me 에 있습니다. 바쁘신 분은, ① 현재 나이 ② 은퇴 예상 나이 ③ 희망하시는 노후연금액을 메일로 알려 주시면 제가 계산해서 답변 드리겠습니다).

이제 누구나 숫자만 입력하면, 내가 원하는 노후 연금을 받기 위해 지금 매월 얼마를 투자해야 하는지 계산할 수 있게 되어 나도 재무 설계사처럼 내 인생을 스스로 설계할 수 있게 되었다. 사실 여러분이 재무 설계사처럼 직접 계산할 수 있다는 점은 여러분이 상상하는 이상으로 무척 중요한 의미가 있다. 내가 투자원금, 수익금 그리고 비용을 한 눈에 알 수 있어 금융상품의 허와 실을 구분하는 힘을 가지게 된다는 뜻이다. 이는 가끔 여러분의 노잣돈에만 관심 있는 자들이 더 이상 여러분을 유혹할 수 없게 된다는 의미가 된다.

여기서 잠시 생각해 보자. 우리가 대출을 신청하면 은행은 심사하는 데 며칠이 걸리고 내가 제출해야 하는 서류도 많다. 금융기관이 대규모 프로젝트 투자를 할 때는 현장 방문, 산업분석, 기업심사, 사업계획서 검토 및 최소 10명 이상의 전문가들로 구성된 심사 협의회를 거치는 데 수개월이 소요되기도 한다. 그만큼 꼼꼼하게 투자(대출)를 검토한다. 그런데 우리들이 투자를 할 때는 어떨까?

과연 몇 명이나 꼼꼼히 조사하고 분석하고 생각해서 투자를 할까? 여러분은 공부해서 직업을 가지고 결혼해서 아이 키우는 행복한 제1막 인생을 위하여 정말 열심히 노력한다. 하지만 1막 인생보다도 길어져 버린 2막 노후인생 대비는 막연히 '어찌 되겠지' 하는 자세가 대부분이다. 자 이제는 더 이상 방치하지 말자. 조금 생각해서 투자에 임하자. 바쁜 내가 모두 직접 할 수는 없지만 전문가에게 위임은 하되 내가 주도적으로 도구를 가지고 잘 관리하며 바르게 이끌어 갈 수는 있다.

먼저 투자의 목적을 정확하게 알자

의외로 많은 분들이 내가 왜 투자를 하려 하는지 잘 모른다. 돈을 벌려고 한다지만, 이제 번 돈으로 무얼 할지까지 생각해 보자. 그래야 비로소 정확하게 나의 투자목적을 정할 수 있게 된다. 목적을 잘 정하면 이미 투자는 절반이상 성공한 것이다. 앞서, 연금계산기를 이용하여 내가 은퇴 후 필요한 생활비를 매월 받으려면, 지금, 얼마를, 몇 년간, 몇 % 수익률로 투자를 해야 하는지를 알아보았다. 하지만 모든 사람들이 행동으로 옮겨 노후대비를 하는 것은 아니다. 참조로 미국의 직장인 45%도 연금계산을 한 번도 해보지 않았다고 한다. 구체적인 목적이 명확하게 정해지지 않으면 계산해 보는 것으로 그치게 된다. 그래서 이 책을 다 읽고 나서 '나는 노후연금이 2백만 원 더 필요하므로 지금 매월 20만원을 00년간 투자 한다'와 같이 구체적인 실행방안을 정해야 한다. 그렇지 않으면 실행할 수 없다. 젊었을 때는 노후가 먼 훗날의 일로만 여겨지고, 빠듯한 월수입으로 아이들 키우면서 주택대출금을 갚다보면 도저히 투자할 여유가 없다고 느껴질 것이다. 하지만 그래도 해야만 한다. 시간이란 보물을 가지고 있는 지금 미리 준비하지 않으면 정말 긴 노후생활이 힘들어진다.

2 / 이제는 거꾸로 하자. 나를 위한 투자를 가장 먼저 해야 한다

1) 재무설계 흐름도

(표 2) 인생 재무 설계를 먼저 큰 틀에서 살펴보자. 여러분이 은퇴 전에는 일 해서 번 돈으로 생활비를 쓰기 때문에 단지 살아가는 방식에 차이가 약간 있을 뿐이지 생활 자체가 불가능한 경우는 거의 없다. 또한 물가상승으로 생활비가 증가되는 만큼 월수입도 어느 정도 증가되므로 수입과 지출 균형도 유지할 수 있다. 하지만 은퇴 후에는 생활비는 계속 필요하지만 월수입이 없으므로 무언가 월수입을 대체하는 것이 필요하게 되는데 이 역할을 하는 것이 바로 은퇴 전 매월 투자를 통해서 마련하는 목돈이다. 각자 필요한 목돈의 크기는 앞서 소개한 표1 연금계산기를 이용하여 계산하면 된다.

재무 설계 흐름도

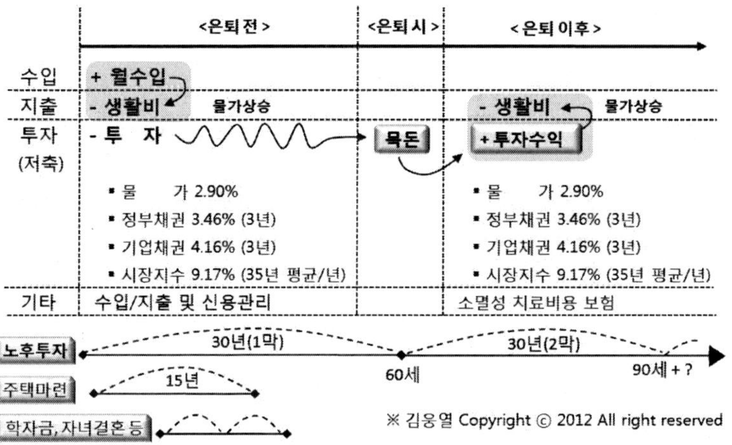

표 2 재무 설계 흐름도

필요한 목돈을 만들기 위해서는 매월 일정한 금액의 투자가 필요한데 이를 구체화하여 실행하기 위해서는 먼저 (표3) 지출계획을 큰 틀에서 살펴 보아야 한다. 그간 여러분은 공과금, 통신료, 교육비, 주택상환비, 주거 생활비, 용돈 등을 지출하고 나서 남는 돈으로 저축을 하려 했을 것이다. 하지만 이제는 거꾸로 해야만 한다. 여러분 스스로를 위한 투자를 가장 먼저 해야만 한다. 매월 노후생활 준비 투자금액을 생활비보다 먼저 공제해야 한다. 지금은 10만~20만 원은 없어도 그만인 돈일 수 있다. 하지만 비록 적은 돈이라도 내가 관심 두어 매월 투자하면 나중에 큰 목돈이 되어 내게 보답한다. 그리고 매월 예외 없이 투자가 되게 하기 위해서는 내가 투자한다는 사실조차 못 느끼도록 급여통장에서 강제(?)로 자동이체 시켜야만 한다.

2) 인생 수지표

여기서 잠시(표3) 인생 수지 표를 살펴보자. 저자 블러그에서 다운받은 재무설계 3총사의 파일2번을 열어보자. 파일 암호는 표1과 동일한 712515 이다. (표 1)과 비슷하지만 좀 더 구체적으로 은퇴 전 30년 동안의 수입과 주요 지출항목 금액을 감안하여 계산할 수 있도록 했다. 또한 중간에 매월 투자적립금액이나 목돈이 추가되는 경우도 반영할 수 있고, 여러분이 생각하는 투자기간과 수익률 예상 값이 다를 경우 자유롭게 입력하여 은퇴 후 매월 예상되는 노후 연금을 계산해 볼 수 있도록 했다. (표 3)을 잘 사용하면 복잡해 보이는 인생 재무 설계를 누구나 5분 안에 간단하게 작성해 볼 수 있다. [   ]안의 숫자는 여러분의 상황에 따라서 조정해 주면 된다.

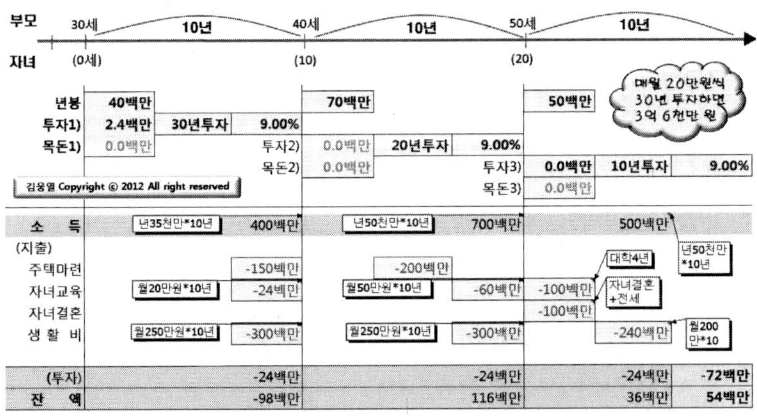

표3 인생 수지표 + 연금계산기

가령 여러분이 직장생활 또는 자영업을 하면서 30대에 연봉은 약 4천만 원, 40대에는 7천만 원 그리고 50대에는 1억 원(실제로는 55

세 은퇴 감안하여 5천만 원) 정도 라고 가정하자. 그런데 주택마련 (3억 5천만 원), 자녀교육(약 1억 8천만 원/2인), 자녀결혼(1억 원/2인), 생활비(매월 250만 원)을 공제하고 나면 남는 게 별로 없다. 돈 없어서 한 자녀만 낳는다는 말이 정말 남의 일이 아니다. 근검절약 해도 직장생활 전체 30년 동안 54백만 원(30대 9,800만 원 적자, 40대 1억 1,600만 원 흑자, 50대 3,600만 원 흑자) 정도 모을 수 있을 뿐이다. 하지만 지금 매월 20만 원씩 30년을 바른 방식으로 투자 한다면 은퇴 시점에 3억 6천만 원이란 목돈을 추가로 기대할 수 있 다. (표 3)인생 수지 표는 여러분의 상황에 맞게끔 재조정해 볼 수 있도록 부록2에 추가 사례를 포함했다. 노랑색 바탕에 파란색 숫자 를 자신의 상황에 맞게 조정하여 입력하면 된다. 40대와 50대에 매월 투자금액을 추가로 적립하거나 갑자기 목돈이 생기는 경우를 모두 반영하여 은퇴 시 마련되는 목돈의 크기와 은퇴 후 매월 노후 연금을 계산해 볼 수 있다.

3) 왜 이렇게 노후 준비가 중요할까?

(부록 1)에 첨부한 월드 팩트북(World Fact Book - 미국 CIA 제공)은 선진국, 중진국, 개발도상국으로 분류하여 인구구조(청소년, 성인, 노인), 수출입 규모, 국가 GDP, 1인당 국민소득, 에너지 소비량 등을 비교한 표이다. 부록 표에서 다른 나라와 비교되는 숫자를 보면 한국은 젊은 인구 감소와 노령인구 증가, 이민 수용부족, 서비스산업의 경쟁력 부족, 에너지 의존도 심화 등과 같은 문제점들이 바로 보인다.

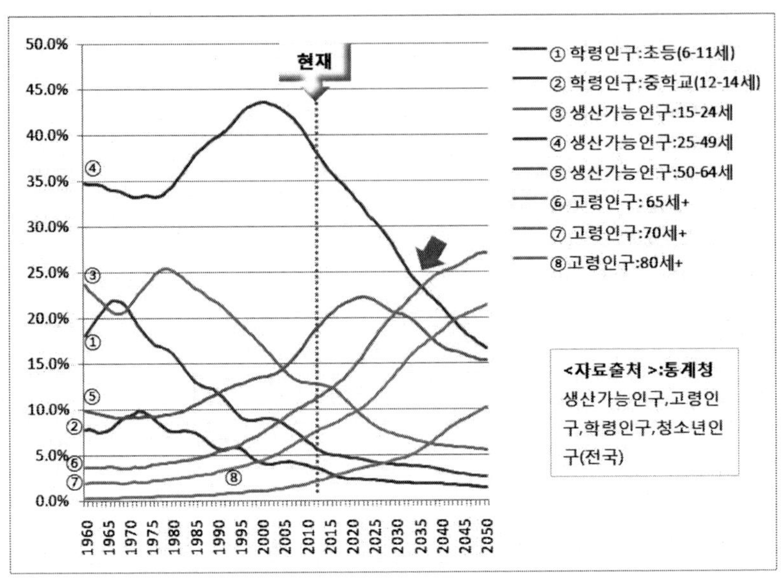

표4 한국 인구구조

이러한 문제점들이 우리들의 노후준비와 밀접하게 연결되어 있지만 그 중 인구구조 변화가 가장 심각하다. 균형잡힌 안정적인 국가경제가 유지되려면 적정규모의 노동력 확보와 젊은 소비자 그룹이 필요하다. 하지만 한국의 인구구조를 보면 학생을 제외한 생산 가능인구(④⑤번 25세~64세)는 2010년도 29백만 명으로 전체인구의 57%수준이지만 2030년에는 27백만 명으로 총인구의 48% 수준으로 줄어든다. 반면, 고령인구(⑥,⑦,⑧번 65세 이상)는 2010년도에는 약10백만 명으로 전체인구의 19%이지만 2030년도에 22백만 명으로 전체 국민의 약 40%가 된다. 65세 이상의 고령 인구가 생산 가능인구보다 많아지게 되니 마치 농사지을 젊은이는 줄어드는데 부양해야 할 노인분만 계속 늘어나는 모습이 된다. 선진국처럼 글로벌 기업이 20~30개 정도 더 나오면 모를까 정부도 늘어난 노인복지에 필요한 재원 충당이 충분하지 못할 수도 있다. 우리나라보다 먼저 고령화 된 미국, 영국, 프랑스, 일본 등 선진국(국민소득 약4만불)의 고령인구 비율이 2010년 기준으로 인구의 12~22% 수준이지만 미국의 경우 벌써 31개 연방정부의 연금지급 재원이 부족하다고 한다. 이를 보면 2030년 이전까지 한국이 선진국이 되지 못하고 고령화시대를 맞이하면 좀 심각해진다. 어쨌든 미래의 노인인 지금의 젊은 분들은 스스로가 지금 무언가를 준비해야만 한다. 만약 앞의 (표 1) 연금계산기로 산출된 은퇴 목돈마련을 위한 매월 투자 금액이 좀 부족하면 ①은퇴를 늦추어서 좀 더 일을 해서 벌거나 ②지금 생활비 지출을 줄여서 매월 투자금액을 마련하거나 ③노후 생활비를 줄이는 조치를 취해야 한다. 참고로 투자를 잘해서 높은 수익을 올리면 되지 않을까, 라고 생각할 수도 있겠지만 수익률은 장기간 관찰하면 (표10-1)과 같이 투자자산 유형별로 이미 정해져 있기 때문에 나만 요행을 기대하면서 투자 수익률을 높여서 될 일이 아니다.

3 미리 꼭 아셔야 할 4가지

1) 시간과 노후연금의 크기

먼저 시간을 활용하는 방법을 익히자. 앞서 우리들의 곳간은 비어 있어도 모두가 가지고 있는 곳간 속의 보물이 있다고 했다. 바로 시간이다. 시간은 모두가 공평하게 가지고 있다. 그런데 왜 이렇게 시간이 중요할까?

은퇴 전	예상수익률	9.0% *(년간)*	9.0%	9.0%
	은퇴까지 년수	30 *(년)*	20	10
	매월 적립금액	100 *(천원)*	100	100
	은퇴시 목돈	**183,074** *(천원)*	**66,789**	**19,351**
은퇴 후	예상수익률	6.0% *(년간)*	6.0%	6.0%
	매월 연금	**1,098** *(천원)*	**400**	**116**
장기 투자 분석	총 금액	**395,144** *(천원)*	**144,155**	**41,768**
	원금(은퇴전)	36,000 *(천원)*	24,000	12,000
	수익금(은퇴전) ➡	147,074 *(천원)*	42,789	7,351
	수익금(은퇴후) ➡	212,070 *(천원)*	77,367	22,416

(표 1)의 연금계산기로 내가 직접 해보면 알 수 있다. 홍길동이 30세에 매월 10만 원을 은퇴 전 연 9% 은퇴 후 연 6%로 투자한다면 60세 이후 매월 1,098천 원의 연금을 30년 동안 받을 수 있다. 그러나 홍길동이 40세에 시작하면 노후연금이 40만 원으로 줄고, 홍길동이 50세에 시작하면 노후연금은 매월 11만 원이 된다. 홍

길동이 30세, 40세, 50세 투자시점에 따라서 투자한 원금이 기간별로 각각 12백만 원 밖에 차이가 없지만, 은퇴 후 매월 연금은 100만 원, 40만 원, 11만 원, 그리고 총 투자 수익금은 3.6억 원, 1.2억 원, 29백만 원으로 엄청난 차이를 보인다. 지금 여러분은 매월 10만 원씩 소득에서 생활비보다 먼저 공제하여 투자를 한다고 해도 일상생활에는 큰 차이가 없을 것이다. 하지만 지금 10만 원은 미래에도 똑같은 10만 원이 아니다. 미래에는 60세부터 90세까지 30년 동안 10만 원의 10배인 매월 100만 원의 연금으로 내게 다시 돌아오게 된다. 그래서 투자 전문가들이 하루라도 빨리 노후대비 투자를 하셔야 된다고 이야기하고 있는 것이다. 왜 이러한 불가사의한 현상이 발생될까? 답은 곧 설명하는 마법 같은 복리의 힘 때문이다.

2) 밑 빠진 독에 물 붓기? 수수료와 노후연금의 크기

목돈을 만드는 핵심요소? 밑 빠진 독의 구멍부터 막아야 한다. 우리들이 살아가면서 피할 수 없는 것이 두 가지가 있는데, 물가상승(인플레이션)과 세금이다. 여러분이 주식, 채권, 부동산 등 어디에 투자를 하든지 상관없이 항상 이 두 가지에 영향을 받게 된다. 가령 여러분들이 내년에 빨래까지 말려주는 전자동 세탁기를 살려고 돈을 모은다고 생각해 보자. 세탁기 가격은 지금이나 내년이나 차이가 없을 것이고 단기간이므로 돈을 은행에 저축하나 집에 있는 금고에 넣어두나 큰 차이가 없다. 하지만 은퇴 전 20~30년, 은퇴 후 30년 동안의 장기 인생 설계를 이야기할 때는 다르다. 매년 2~3%의 물가상승 손실, 약 1.5~2% 상당의 투자관리 수수료 지급,

그리고 수익금의 20~30% 상당의 세금까지 지급하게 된다면, 여러분은 어디에 투자를 하든 상관없이 절대 목돈을 만들기가 어렵다. 그야말로 밑 빠진 독에 물붓기가 될 뿐이다. 실제로 요즘 모 금융상품의 낮은 수익률 때문에 소비자 불만이 많다는 기사가 종종 보도되지 않는가? 물가 상승 손실과 작게 보이지만 장기간 누적되면 엄청나게 큰 손실을 끼치게 되는 수수료와 부대비용 지급 문제를 잘 고려하지 않으면 비록 지금 열심히 투자(저축)하더라도 결과적으로는 은퇴 시 당초 기대한 목돈을 마련할 수 없게 되는 아주 황당한 상황이 발생한다.

수수료가 저렴한 펀드를 이용하라

만약 물 항아리에 구멍이 나 있다면 아무리 열심히 물을 부어 보았자 소용이 없다. 물을 길어 오느라 힘만 들뿐이다. 항아리에 난 구멍을 달리 이야기하면 여러분이 생활비를 아껴서 열심히 저축한 돈을 야금야금 조금씩 갉아 먹어서 노후에 목돈을 만들지 못하게 하는 것들을 말한다. 도대체 어떤 것들일까? 여러분은 이미 연금보험, 펀드 등 금융상품을 한두 번 가입했었을 것이고 해지도 해 보았을 것이다. 사실 앞으로도 별다른 묘안이 없으므로 여러분은 조금이라도 투자 수익률이 높을 것으로 기대되는 금융상품에 계속 투자할 수밖에 없다(한국은 그간 높은 경제 성장률로 인해 부동산 등 실물자산에 투자가 집중되었지만 앞으로는 선진국 경제구조로 전환되면서 주식 채권 등 금융자산으로 이동하게 된다). 여러분이 은행, 보험, 증권 등을 통해서 가입하시는 장기금융상품 약간의 정도 차이만 있을 뿐이지 대부분 주식이나 채권에 펀드형태로 투자된다. 펀드는 통상 수십 또는 수백 개의 채권이나 주식으로 구성되어 펀드매니저가 펀드를 관리하는데 펀드관리 수수료는 연간 약 1.5% 안팎이다. 여기에 매번 주식과 채권을 사고파는 거래를 할 때마다 발생되는 거래수수료를 다 합하면 연 1.5%~2.0% 수준이 될 것이다. 그런데 매년 2% 상당의 수수료와 비용이 지급된다면 과연 나의 노후 연금에 얼마나 영향을 미칠까?

은퇴 전	예상수익률	**9.0%**	*(년간)*	**7.0%**		**5.0%**
	은퇴까지 년수	30	*(년)*	30		30
	매월 적립금액	100	*(천원)*	100		100
	은퇴시 목돈	**183,074**	*(천원)*	**121,997**		**83,226**
은퇴 후	예상수익률	**6.0%**	*(년간)*	**4.0%**		**2.0%**
	매월 연금	**1,098**	*(천원)*	**582**		**308**
장기 투자 분석	총 금액	**395,144**	*(천원)*	**209,676**		**110,743**
	원금(은퇴전)	36,000	*(천원)*	36,000		36,000
	수익금(은퇴전) ➡	147,074	*(천원)*	85,997		47,226
	수익금(은퇴후) ➡	212,070	*(천원)*	87,679		27,517

(표 1)의 연금계산기를 이용하여 앞에서 살펴본 홍길동의 사례를 가지고 살펴보자. 홍길동이 은퇴 전 투자 수익률 연 9%(은퇴 후에는 6%)로 매월 10만 원씩 투자를 하면 60세 은퇴시점에서 매월 약 1백만 원의 연금을 받을 수 있었다. 그런데 만약 수수료와 비용으로 연 2%를 지급하는 바람에 투자수익률이 7%(은퇴 후 4%)로 낮아졌다고 생각해 보자. 그러면 1백만 원이던 연금이 58만 2천 원으로 반 토막 난다. 매년 2% 남짓 수수료가 지금은 적어 보이겠지만 장기간 누적되면 치명적인 결과를 만드는 것이다. 이제 여러분

은 유수의 투자 전문가들이 왜 그토록 수수료가 적은 펀드의 선택이 중요하다고 기회 있을 때마다 강조한 이유를 알 것이다. 그리고 금융정보를 많이 가지고 있는 돈 많은 부자들이 왜 그리 작은 수수료라도 아끼려고 집착했는지 이해하셨을 것이다. 여러분 중 일부는 수수료 2% 더 내는 대신 투자를 잘하는 펀드를 골라서 수수료로 지급하는 2% 이상으로 수익을 더 올리면 그만 아닐까? 라고 생각할 수도 있다. 사실 이 부분은 그간 많은 분들이 잘못 알고 있는데 장기적으로 전체 시장의 수익을 앞서는 펀드는 거의 없다. 그 이유는 곧 설명하겠다.

3) 나와 금융기관과 기업과의 관계

수익이 어떻게 만들어질까? 나의 돈은 어디에 저장되지? 여러분이 장롱 속에 돈을 모아(저장) 두면, 장롱속의 돈은 매년 인플레이션만큼 손실이 발생한다. 동네 김밥 한 줄 가격이 작년에는 1,500원에서 올해 2,000원으로 오르면 장롱 속의 돈의 실제가치(구매력이라 함)가 25% 줄어드는 원리이다. 실제 요즘 그리스에서는 김밥 가격처럼 인플레이션(물가상승)이 된다지만 한국은 물가상승률이 연 3% 정도이니 장롱 속에 돈을 모아두면 매년 3%씩 손실을 보게 된다(외국은 금융기관에 돈을 맡겨두면 보관비용을 별도로 받기도 한다. 하지만 아직 한국의 금융기관은 맡긴 돈의 보관비용을 받는 곳은 없다). 근데 내가 맡긴 돈을 금융기관은 어디에, 어떻게 저장을 할까? 은행이 금고 속에 저장한다면 장롱 속 돈처럼 인플레이션에 의한 손실이 발생될 터인데 어떻게 정기적으로 꼬박 꼬박 이자를 지급할까?

금융기관은 돈을 '기업'에 저장한다.

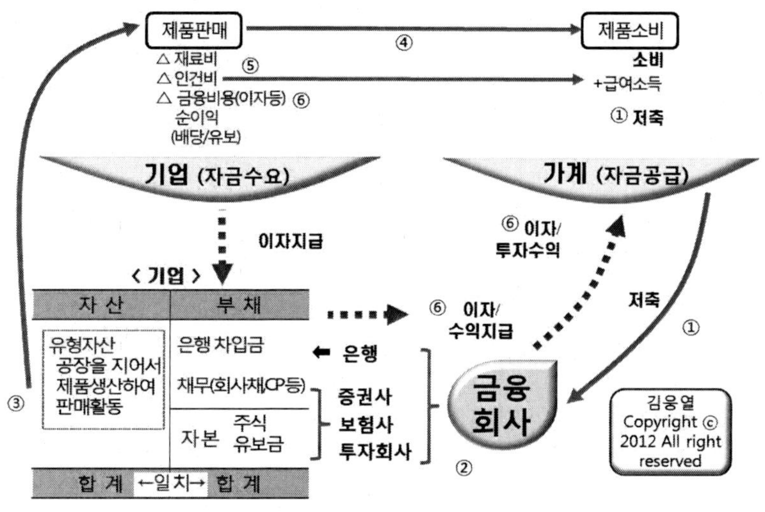

표 5 경제 흐름도

(표 5)는 금융기관이 '가계(우리들)와 기업' 중간에서 우리가 맡긴 돈을 기업에게 빌려주고는 만기에 원금과 이자를 받아서 우리에게 돌려주는 과정을 정리한 것이다. 설명 드리면 ① 우리가 투자(예금, 저축, 펀드가입 등)하면 ② 금융회사는 이를 기업에게 빌려준다. ③ 기업은 빌린 돈과 자기자본을 더해서 필요한 공장, 설비, 건물 등을 구입해서 ④ 상품(서비스)을 만들어 소비자인 우리에게 판다 ⑤ 기업은 수익금으로 종업원인 우리에게 월급을 주고 ⑥ 빌린 돈을 이자와 함께 금융회사에 돌려준다. 금융회사는 이를 받아 우리에게 원금과 투자수익(이자)을 지급 한다. 금융기관(은행, 증권, 보험, 등)은 의뢰 받은 돈을 신의성실에 따라 경제활동의 주체인 기업에게 투자(대출, 채권, 주식, 부동산금융 등)하고 기업은 이 돈을 실물경

제에 다시 투자하여 이익을 올려서 이익금의 일부를 우리에게 이자(수익)으로 주는 것이다. 즉 우리 개인과 금융기관 그리고 기업은 서로 떼려야 뗄 수 없는 절친 관계이다.

4) 복리의 마법

금융기관은 돈을 기업에 '복리'로 저장한다. 부지런한 돈만 '복리'로 저장될 수 있다. 근데 복리가 뭐지? 아인슈타인이 세계 8대 불가사의로 인정할 만큼 매우 특이한 것이 복리라고 하는데 도대체 이것이 무엇일까? 지금부터 알아보자. 먼저 복리가 가능하려면 돈이 단 하루도 쉬지 않고 계속 움직여야만 된다. 만약 여러분이 친구 A에게 한 달 동안 연 10% 이자를 받기로 하고 돈을 빌려주었다고 하자. 한 달 뒤 A로부터 돈을 돌려받으면서 다시 친구 B에게 연 10%로 빌려주고, 또 다시 C, D 등에게 계속 반복하여 10%로 빌려줄 수 있다면 여러분도 은행처럼 돈을 10% '복리'로 저장할 수 있다. 하지만 여러분이 아무리 친구가 많아도 은행처럼 2천만 명이나 되는 개인친구(예금자)와 45만 개나 되는 한국의 기업친구(돈 빌리는 자)는 갖지 못한다. 그래서 복리로 돈을 운영(투자)할 수 있는 곳은 은행 같은 금융기관인 것이다(펀드는 수백 개 기업의 채권과 주식에 반복적으로 투자를 해서 돈을 복리로 운영한다).

눈 굴려서 눈사람 만드는 방법이 복리 원리

눈덩이를 굴려보면 처음 시작할 때 작은 덩어리를 만들기가 어렵지 일단 어느 정도 덩어리가 커지면 쉽게 큰 눈덩어리를 만들 수 있다. 즉 눈덩이가 클수록 덩어리가 커지는 속도가 증가된다. 복리의 원리도 이와 똑 같다. 복리란 눈덩이 굴리기처럼 이자에 이자가 계속 더해지는 현상이다. 처음에는 작은 눈덩어리(종자돈)에 불과하지만 일단 시작해서 일정기간이 지나면 마치 작은 눈덩이가 큰 눈사람 덩어리가 되듯이 금세 작은 종자돈이 큰 목돈(눈덩이)로 커지게 된다.

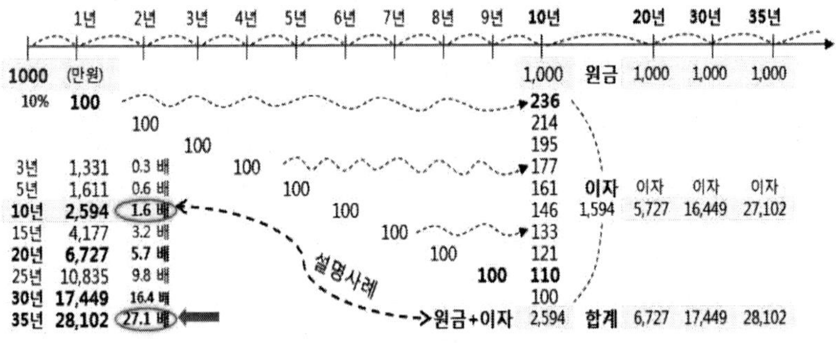

표 6-1

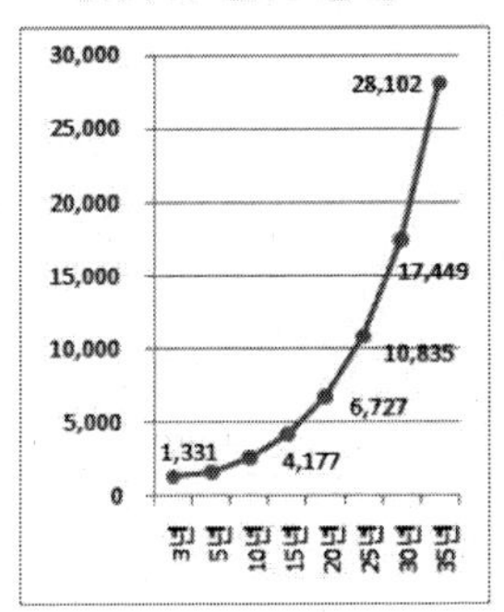

표 6-2

복리효과를 (표 6-1) 사례를 가지고 좀 더 살펴보자. 1천만 원을 10년간 연 10%로 투자한다고 생각해 보자. 만기 10년이 되면 원금 1천만 원 + 복리이자 1,594만 원 = 2,594만 원이 된다. 원금의 1.6배 크기이다. 만약 같은 조건으로 20년 동안 투자하면 원금의 5.7배(6,720만 원)가 되고, 30년 투자하면 원금의 16.4배 그리고 35년이면 무려 원금의 27배(2억8천1백만 원)가 된다. 시간이 흐를수록 복리이자의 크기가 급증하는 것을 볼 수 있다. 아인슈타인이 세계 8대 불가사의로 인정한 복리의 마술 비밀은(어느 정도 눈덩이가 커지면 금세 큰 눈덩어리가 만들어지는 현상) 바로 시간의 크기에 달려있다. 시간이 지남에 따라 복리 크기가 증가되는 현상을 그래프로 정리해 보면 (표6-2)와 같이 된다. 그래프를 보면 5년까지는 복리이자의 증가율이 미미하지만 10년이 지나면서 급증하다가 20년이 지난 시점에서는 거의 수직선처럼 급상승하는 것을 볼 수 있다. 기억하라. 비록 지금 여러분의 곳간은 비어 있지만 엄청난 복리효과를 내가 누릴 수 있게 하는 소중한 보물인 시간은 모두가 공평하게 가지고 있다. 단지 지금 시작하느냐 마느냐 하는 여러분의 선택이 남아 있을 뿐이다.

내가 복리의 마술을 어떻게 이용할까?

예금 계산기			적금 계산기		
예 금	10,000	(천원)	매월저축	100	(천원)
예금기간	10	(년)	저축기간	10	(년)
이자율	10.00%	(%)	이자율	10.00%	(%)
만기금액	25,937	(천원)	만기금액	20,484	(천원)
(원금)	10,000		(원금)	12,000	
(이자)	15,937	(세전)	(이자)	8,484	(세전)

※ 사용법 : 박스안의 숫자만 입력하면 자동계산됩니다

이렇게 좋은 복리의 효과를 내가 어떻게 이용할까? 사실 이미 여러분은 복리를 한두 번 이용했었다. 은행에서 가입했던 예금과 적금이 바로 복리를 이용한 금융상품이다. 다만, 예금과 적금의 만기가 대부분 5년 이내라서 여러분이 복리의 효과를 피부로 느끼기가 좀 어려웠을 뿐이다. 그럼 어떻게 할까? 방법은 있다. 5년 만기 예금이나 적금이 만기가 되었을 때 다시 5년 동안 재 가입하기를 5번 반복하면 25년이 되므로 위에서 살펴본 25년짜리 마법의 복리효과를 내가 누릴 수 있다(펀드 투자의 경우도 5~10년 정도 운영되다가 투자자에게 돈을 모두 나눠주고 청산하기도 하는데 은행 적금처럼 복리 효과를 지속하기 위해서는 다른 펀드에 다시 가입하면 된다. 다만, 25년 장기투자와 차이는 5년 만기해약 때 수익금에 대하여 납부하게 되는 소득세 만큼 수익률이 약간 낮아질수 있다) 예금 및 적금 계산기는 여러분이 직접 복리의 마술을 느껴 보실 수 있도록 엑셀로 만들어서 제 블로그(kindkim1.blog.me)에 올려두었다. 다운받아 사용해 보면서 엄청난 복리의 효과를 직접 느껴 보자. 참조로 예금과 적금 금리를 연 3~4%가 아니라 연 9~10%를 사용한 것에는 마법의 복리효과보다 훨씬 더 값진 의미가 들어있다.

복리가 반대로 내게 적용되면 독이 된다.

여러분들이 무심코 할부로 구입하는 상품(가전제품, 핸드폰, 자동차, 카드/할부구입, 현금서비스 등) 그리고 리볼빙 카드결제는 도대체 원금과 이자가 얼마인지 복잡하게 되어 있어 뭔가 속는 듯한 느낌을 한두 번 경험했을 것이다. 또한 연간 이자율이 아니라 월 이자율로 표시되어 있어 작게 느껴졌을 것이다. 하지만 이러한 할부 금융상품에는 복리의 마법이 반대로 적용되어 있다. 그러니 잠시 참았다가 돈을 모아서 구입하는 것이 바람직하겠다.

투자 전략

1. 지금은 상황이 바뀌었다. 이제 알고 결정해야 한다

여러분이나 저자나 사실 노후준비에 고민이 많다. 과거처럼 퇴직금이 많은 것도 아니고, 부모님 세대처럼 자식들에게 노후를 기대할 수 있는 상황도 아니다. 이제는 목돈 모으려면 그냥 금융기관에 맡겨두어서 될 일이 아니고 기본 경제공부에다가 주식, 채권투자 금융상품을 조금은 알아야 한다. 금융 도우미들이 다 알아서 해주면 좋은데 현실은 알아듣기도 힘든 복잡한 설명을 해 주면서 우리에게 선택하라 하며 책임을 넘기는 것 같다. 사실 냉철하게 생각해 보면 각종 펀드나 퇴직연금, 개인연금 등을 가입할 때 우리는 스스로 내린 결정이 먼 훗날 내게 어떠한 중대한 결과를 가져오는지 잘 모르고 결정한다. 아무것도 안하는 것보다는 낫다는 심정으로 잘 되기를 바라지만 요행으로 될 일도 아닌 것 같고, 여건이 허락된다면 공부 좀 해서 알아보고 싶지만 어디부터 어떻게 시작할지 답답할 것이다. 자 이제 더 이상 냉가슴 앓으며 주저하지 말자. 이제부터는 내가 선택하는 의미를 정확하게 알고 결정하자. 지금은 과거와 다르다. 변화된 투자환경 속에서 '어찌 되겠지' 하는 자세는 매우 위험하다. 이제는 개인들의 재테크 이야기도 우물 속 개구리와 같은 단편적인 일회성 이야기를 벗어나 금융시장의 큰 그림을 이해하고 이를 장기 재무 설계에 반영하는 고급 전략(데이터 노후경영)이 필요하다. 다만 고급전략에 몇 가지 작은 전술의 이해가 필요했

기 때문에 지금까지 우리는 연금계산기 활용법, 생애 재무 설계 흐름 이해, 작아 보이지만 미래 노후연금을 반 토막 내는 비용문제(인플레이션, 수수료, 세금), 복리원리 등을 알아보았다.

여러분의 노후 미래를 지금 보고 지금 행동하자

탄탄한 기초를 다졌으니 이제부터 여러분이 가장 궁금해 하는 부분이지만 아무도 명확하고 쉽게 설명해 주지 못했던 장기 투자전략에 대하여 이야기해 보자. 제가 남들이 여러 가지 사정으로 이야기하기 어려워하는 장기투자 전략을 여러분께 말씀드리는 목적은 한 가지이다. 저나 여러분이나 가진 것이 별로 없는 직장인 또는 자영업자이다. 따라서 노후 걱정 없는 부자들보다 더 철저하게 미래를 대비해야 한다. 하지만 현실은 반대이다. 생업에 바쁜 우리들은 이런 저런 이유로 부자들보다 대비가 무척 허술한 것이 현실이다. 그래서 난 여러분의 노후 미래를 지금 보여 주고 여러분 스스로 세밀하게 준비하고 바로 행동하게끔 하고 싶다. 여러분이 만약 지금 투자 결정에 따른 미래 결과를 미리 볼 수 있다면, 그리고 만약 그 결과가 만족스럽지 못하다고 느낀다면, 여러분은 시간이 있는 지금 미리 대비할 수 있다. 하지만 먼 훗날 뒤늦게 알게 된다면 방법이 없다. 미리 말씀드리면, 이 전략은 제가 발견한 것이 아니다. 반세기 금융역사 속에서 시장을 경험한 유수의 투자 전문가(워런 버핏, 존 보글 등)들이 개인 투자자에게 진심으로 조언한 전략이며, 이미 시장에서 장기간에 걸쳐서 검증된 사안이다. 그러나 미리 걱정하실 필요는 없다. 제가 앞의 (표 1) 연금계산기 사례처럼 쉽게 풀어서 설명 드리겠다.

(표 7-1) 가지고 살펴보자. 30세 홍길동이 매월 20만 원씩 60세까지 투자를 한다고 가정하자. 사례 ①+④ 홍길동이 시장 전체를 포함하는 인덱스 펀드에 투자 한다면 매년 평균적으로 약 9% 수익률(1975년~2010년까지 코스피지수 연 평균수익률)을 기대할 수 있어 은퇴 시 약 3억 6천만 원을 받을 수 있고 노후연금 기간에도 인덱스에 투자한다면 매월 3백만 원의 연금을 27.5년간 받을 수 있게 된다. 하지만 사례 ①+⑤ 홍길동이 젊었을 때는 모두 인덱스에 투자하고 은퇴 이후에는 모두 채권에만 투자한다면 연금 3백만 원을 14.2년까지 받을 수 있다. 반면에 사례 ②+⑤ 젊었을 때와 은퇴 이후에도 모두 채권에만 투자한다면 연금 3백만 원을 5.2년까지만 받게 되고, 사례 ③+⑥ 단기금융상품에만 투자한다면 연금 3백만 원을 3.4년 밖에 받지 못한다. 정말 긴 노후생활이 걱정될 수밖에 없다.

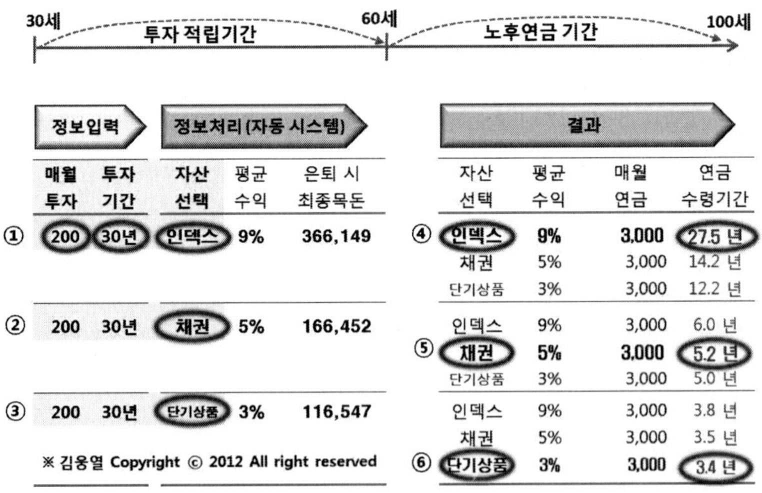

표 7-1 투자 시장의 큰 틀

참고로 앞에서 소개한 연금계산기는 여러분 각자의 상황을 가지고 매월 투자금액, 투자기간을 달리하여 계산해 볼 수 있다. 만약 투자기간이 20년이라면 늦게 시작한 벌칙으로 매월 투자금액을 20만 원에서 55만 원으로 올려야만 한다.

구분	2012.10.11		25년 평균(86~2010)	
	한국	미국	한국	미국
물가	주1) 2.90%	주1) 1.50%	4.40%	2.90%
단기상품(1년)	2.77%	0.93%	주2) 9.35%	4.75%
채권(5년)	2.73%	0.81%	주3) 5.50%	5.50%
주식	주4) 5.88%	8.46%	주5) 10.47%	9.97%

주1) 2010년도 물가지수　　　주2) IMF 시기 고금리 영향
주3) 한국기업 전체 차입 이자율　주4) 2011년말 대비 지수 상승율
주5) 시장지수 성장율 + 평균 배당율

표 7-2 투자자산별 수익률 비교

여기서 수익률 (표7-2)을 잠시 살펴보자. 지금은 2008년 미국 금융위기와 유럽의 재정위기로 세계경제가 모두 불황을 겪고 있다. 일반적으로 불황기에는 경기활성화를 위해 정부도 저금리 정책을 유지하고 기업도 실물경기가 불황이어서 설비투자를 위한 자금차입 수요가 줄어들어 금리가 낮아진다. 이를 반영하듯 2012년 10월 11일 금리(1년)는 한국과 미국 모두 25년 평균 대비 매우 낮은 수준이다. 금리뿐만 아니라 물가와 채권금리 그리고 주식투자(한국의 코스피지수 및 미국의 다우지수)의 수익률도 모두 평균보다 낮다. 하지만 경기 사이클은 항상 호황과 불황을 반복한다. 우리의 노후

준비 투자는 은퇴 전 20~30년 동안 지속되는 장기 프로젝트이다. 그래서 (표7-1) 투자자산 유형별 수익률은 지금 현재의 수익률이 아닌 장기 평균적인 수익률을 사용한 것이다. 참조로 주2)의 한국 금리(1년) 평균 9.35%가 이례적으로 높은데 이는 1980~1990년대 한국 경제가 급성장할 때 기업의 자금수요가 많아 금리가 높았던 점과 IMF 환란시기에 금리가 급상승한 예외적인 상황 때문이다. 앞으로는 장기적으로 미국정도의 금리수준으로 유지될 것으로 보아야 한다.

2 진흙만으로는 튼튼한 집을 지을 수 없다. 반드시 뼈대가 필요하다

여러분은 (표7-1) 사례를 보고 어떤 생각이 나시는가? 당연한 이야기이지만 '수익률은 높을수록 좋구나! 노후준비 및 노후생활 기간이 정말 길다!'일 것이다. 그럼 긴 투자기간 동안에 높은 수익률을 달성하여 부족하지 않은 노후연금을 받기 위해서는 어떻게 해야 할까? 지금부터 알아보자. 가령 여러분이 집을 짓는다고 생각해 보자. 오래 동안 사랑스런 가족과 함께 살아가야 하는 우리 집은 비바람 폭풍에도 견딜 수 있는 튼튼한 집이어야 한다. 그런데 튼튼한 집을 지으려면 우선 집을 받치고 있는 기초를 굳건하게 한 다음 콘크리트 기둥(뼈대)을 세워야만 한다. 기초와 뼈대를 세우고 나면 남

은 일은 자신의 취향에 따라 빈 공간을 채워주면 된다. 우리들 100년 인생의 노후대비 투자도 집짓기와 마찬가지로 단단한 기초와 큰 뼈대가 필요하다. 여러분이 투자의 큰 뼈대를 가지게 되면 100세 노후준비 투자의 바른 방향(전문 용어로 투자자산 결정 'Asset allocation'이라고 한다)을 정할 수 있다. 하지만 뼈대가 없으면 눈 감고 코끼리 다리 만지는 것과 같아서 장담하건데 요행이 아니고는 절대 100세 인생을 잘 준비할 수 없다. 그리고 조급한 마음에 이곳 저곳에 투자를 해보다가 귀중한 시간만 낭비하고는 고달픈 노후생활을 피할 수 없게 된다.

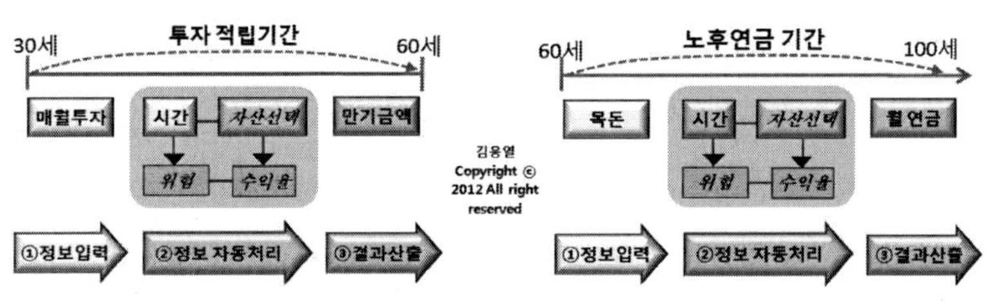

표 8-1 투자의 뼈대

그럼 내가 알아야 할 투자의 큰 뼈대가 무엇일까? 먼저 우리 생활의 일부가 된 컴퓨터를 사례로 들어 알아보자. 컴퓨터의 작동원리는 3단계이다【정보입력(키보드) → 정보자동처리(운영시스템+하드웨어)→결과산출】. 여러분이 컴퓨터 자판으로 기초 정보를 입력하면, 컴퓨터가 자동으로 입력된 정보를 처리해서 최종 결과물을 만들어 준다.

크게 보면 투자의 큰 틀(표 8-1)도 이와 유사하다. 내가 재무 설계

계산에 필요한 기초정보(투자금액, 기간, 투자 자산 유형)만 입력하면 그 다음부터는 노후연금 금액이 자동 계산되어 산출되는 방식이다. 즉 정보입력(나의 투자 기초 정보) → 정보자동처리(투자 자산 유형 ↔ 시간의 크기 ↔ 수익률 크기 ↔ 위험의 크기가 모두 상호 영향을 준다) → 결과산출(목돈 또는 노후연금 크기 결정) 과정이다. 달리 설명하면, 나의 투자실력이 큰 의미가 없고 다만 내가 선택하는 투자자산이 시간의 크기와 상호작용 하여 자동으로 투자결과(수익률의 크기)가 결정된다는 것이다.

주의할 점은 (표8-1)에서 내가 마음대로 변경할 수 있는 부문은 ①번 하얀색으로 표기된 부문(정보입력, 나의 투자 기초 정보) 뿐이며, 음영으로 표기된 ②, ③번 박스(수익률과 위험의 크기)는 나의 의지대로 변경할 수 있는 부문이 아니다. 특히 급여 생활자는 30~60세 투자적립기간 동안 ①번 매월투자금액과 시간의 크기, 그리고 투자자산(주식, 채권, 단기상품)의 선택에 따라서 60~100세 매월 받는 노후연금의 크기가 이미 대부분 정해지게 된다. 60세 이후 노후연금 기간에 입력되는 ①번 목돈 항목은 은퇴시점에서 상속이나 일시 퇴직금 등 목돈이 추가되어 이미 준비된 목돈 금액에 변동이 발생될 때에만 내가 변경할 수 있는 항목이다(이 말에 공감한다면 여러분은 이미 투자의 상당한 고수이다).

중요한 부문이므로 (표 8-2)로 다시 정리해 보자. '매월투자' 금액은 앞에서 연금계산기로 각자의 생활 여건을 감안하여 계산해서 정하면 되고, 어디에 어떻게 투자해야 하는지를 알아보는 '자산선택' 부문은 지금부터 살펴 볼 부문이다.

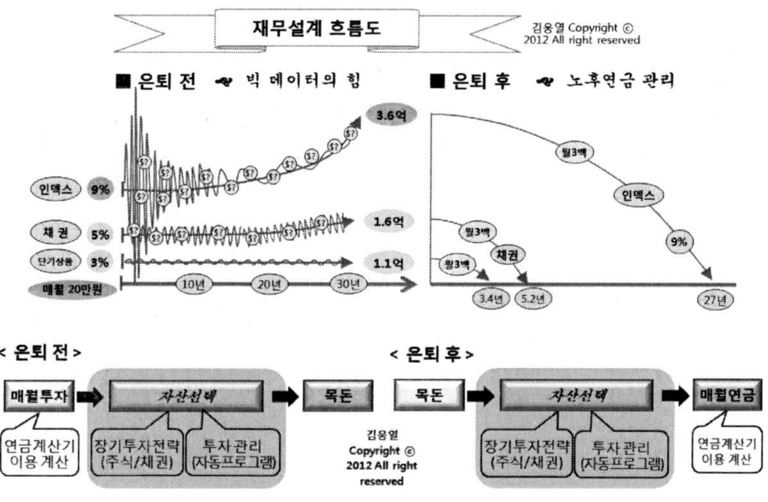

표 8-2

결과산출 값인 '목돈, 또는 매월 노후연금'은 앞의 '매월 투자금액+
투자기간+선택하는 자산 유형'에 따른 결과물이다. 아래 박스의 '장
기투자전략'은 주식과 채권을 이용한 장기투자전략을 말하며 '투자
관리' 부문은 바쁜 우리를 대신하여 소중한 돈을 투자해 주는 분들
이 정말 제대로 잘 투자를 했는지를 제공해 드리는 자동계산 프로
그램(표 36-1)을 이용하여 몇 가지 숫자만 입력하여 알아보는 것이
다. 투자관리가 필요한 이유는 투자란 결국 나 이외에는 누구도 책
임지는 사람이 없으므로 내가 잘 점검해야 하기 때문이다.

금융의 빅 데이터

두 마리 토끼를 다 잡을 수 있을까?

그럼 과연 내가 노후준비 목돈을 만들기 위해 필요한 매년 수익률 달성과 위험 감소라는 두 마리 토끼를 다 잡을 수 있을까? 결론부터 이야기하면 방법은 있다. 하지만 막연한 설마 노후경영으로는 불가능하고 데이터 노후경영으로 전환해야만 가능하다. 웬 데이터 노후경영이라고 반문하실 수 있겠지만 이젠 과거와 달라진 긴 노후를 대비하려면 냉철하고 현실적이며 합리적인 과학적 투자가 반드시 필요하다.

앞서 투자의 뼈대를 컴퓨터와 비교하여 정보입력, 정보자동처리, 결과산출 3단계로 설명했다. 컴퓨터와 마찬가지로 우리의 두뇌도 입력된 정보로만 판단한다(표 9). 입력되는 정보는 오감에 의존한

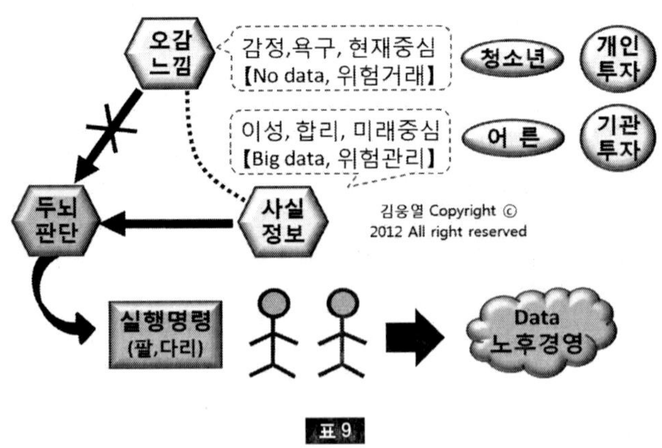

감성과 장기간 경험 및 지식이 모아진 이성으로 구분된다. 우리의 뇌에 사실적 객관적 정보가 입력되어 있으면 비록 일시적인 감성에 따른 일탈이 있을지라도 이내 뇌는 입력된 이성적 정보를 감안하여 잘 균형 잡힌 판단을 하고 팔과 다리에게 바른 명령을 내려 실행하게 한다. 하지만 사실 정보가 입력되어 있지 못하면 뇌는 감성에만 의존해서 판단하게 된다. 청소년기의 일시적 일탈 시기는 뇌의 판단에 감성적인 정보가 많이 전달되고 장기간 경험이 필요한 이성적인 정보의 전달이 부족해 발생되는 일탈행동으로 볼 수 있다. 하지만 이성적 정보의 입력이 점차 증가하면서 뇌가 판단의 균형을 형성하여 인생을 따뜻한 감성과 날카로운 이성이 잘 균형 잡히게 만들어간다. 이성적 정보전달에 도움을 주는 분들이 멘토, 즉 선생님, 부모님들이다. 이와 마찬가지로 투자에 있어서도 사실적, 객관적, 이성적, 합리적인 정보를 제공하는 멘토 역할이 필요한데 무한한 일방적인 내리 사랑을 주는 선생님, 부모님과는 달리 투자의 맨토들은 어른과 어른들 간의 복잡한 이해관계가 얽혀있고 그리고 때로는 좀 부족한 멘토들도 있어 최선의 조언을 듣기가 정말 어렵다. 하지만 변화된 투자환경 속에서 이제 과거처럼 마냥 기다릴 수만은 없다. 그래서 이제는 여러분이 어느 정도는 직접 아서야만 한다.

1) 데이터는 정답을 알고 있다

우리는 진정한 멘토와 진솔한 대화가 필요하다.

대부분 개인 투자자들은 지금껏 사춘기 청소년과 같이 단기 감성에 주로 의존하여 사실 정보가 부족한 상태에서 두뇌에게 투자판단을 하라고 했다. 우리의 두뇌는 사실을 바탕으로 한 합리적 정보 입력이 부족한 상태에서 감성적인 정보에만 의존하여 투자판단을 하라고 강요받으니 마치 방황하는 청소년처럼 일탈적인 투자행동을 할 수밖에 없었다. 하지만 이제 이성적인 정보를 우리의 두뇌에게 전달하자. 우리의 투자 멘토(워런 버핏, 피터 린치, 존 보글)들의 투자 전문지식과 경험이 녹아있는 이성적인 정보를 뇌에 전달하여 균형 있는 투자 판단과 행동을 하게 하자. 구체적인 추진 방안이 없는 막연한 기대는 잠시 접고 사실 정보에 근거한 이성적, 합리적인 정보를 시급하게 우리들의 두뇌에 공급해 주어 두뇌가 바른 판단을 하게 하여 데이터 노후경영을 하여야 한다.

여러분이 투자하는 모든 금융상품에는 약 45만 개나 되는 한국 기업들의 복잡한 이해관계가 얽혀있다. 사례를 가지고 사실 데이터 분석의 중요성을 알아보자. 성공하신 사장님들은 대부분 몇 번의 시행착오와 실패를 경험한 후 비로소 성공했다고 한다. 자영업을 하는 분들도 현장의 생생한 경험을 살려서 성공하신 분들이다. 큰 기업의 사장님이나 자영업을 하시는 사장님이나 모두 경험의 소중함을 뼈저리게 알고 있다. 사업에 성공하기 위해서는 이러한 소비자 구매 행동에 대한 오랜 기간 축적된 데이터를 객관적으로 분석한 자료를 바탕으로 잘 짜인 전략(사업계획)을 만드는 것이 가장 중요하다.

여담이지만 그래서 은퇴하고 사업하시기 전에 최소 1년 정도 같은 업계에서 일을 경험해 본 후 결정하라고 하는 것도 같은 맥락이다.

두 번째 사례는 요즘 화두가 되는 빅 데이터(Big data)이다. 빅 데이터는 다음 세대의 원유라고 할 정도로 중요하다 한다. 빅 데이터란 구글, 네이버, 트위터, 페이스북 등 IT, 소셜미디어 기업이 인터넷이나 스마트 폰에서 이용자가 무심코 입력하는 수많은 정보를 분석하여 이용자의 관심사항, 소비성향, 위치, 친구성향 등을 정리한 방대한 자료를 말한다. 수집된 자료는 기업 마케팅에 활용된다. 얼마 전까지만 해도 컴퓨터 성능이 충분히 발달하지 못해서 이러한 방대한 데이터를 분석할 수 없었으나 지금은 1초에 수억 장의 사진을 비교해서 동일인을 찾아줄 정도로 컴퓨터 성능이 개선되어 모두 분석이 가능하다고 한다. 기업 입장에서는 소비자가 어떠한 상품을 선호하는지 미리 알고서 사업을 하니 빅 데이터가 없는 기업보다 훨씬 수월하게 사업을 할 수 있겠다.

빅 데이터 투자자산	한국 (2011년)	미국(1926~1995년)*	
		평균수익률	표준편차
인플레이션	2.9%	3.1%	4.6%
정부채권(장기)	3.3%	5.2%	9.2%
기업채권(장기)	3.8%	5.7%	8.7%
기업주식(대형)	9.17% (35년)	10.5%	20.4%
기업주식(소형)		12.5%	34.4%
자료출처 (미국) : Modern Portfolio Theory and Investment Analysis / Elton, Gruber, Brown, and Goetzman			

표 10-1 금융의 빅 데이터

구분	합계	대기업	중소기업
단기차입금	294	99	195
유동성장기부채	110	85	24
회사채	162	156	6
장기차입금	223	83	140
소계	**789**	**423**	**366**
지급이자	**44**	**22**	**23**
차입금이자율	5.60%	5.12%	6.16%

표 10-2 한국 기업 차입금리

자 그럼 금융시장 (표 10-1)은 어떠했을까? 투자와 관련된 빅 데이터가 있다면 노후준비가 좀 수월할 텐데 과연 있을까? 결론부터 말씀드리면 금융에도 투자 자산 유형별로 빅 데이터는 있다. 그리고 친절하게 빅 데이터를 우리들이 바로 활용할 수 있도록 분석 결과까지 정리하여 책에 모두 공개되어 있다. 한국과 미국의 금융 자산 유형별로 매년 평균수익률을 정리한 금융의 빅 데이터를 보자. 미국의 70년 동안 빅 데이터 분석 결과를 보면 전체 대기업 주식에 투자 시 매년 10.5%, 중소기업은 12.5%, 기업이 발행한 채권은 5.7% 정부가 발행한 채권은 5.2%의 연 평균적인 수익률을 달성했다. 한국은 2011년도 말 정부채권 금리가 3.3%, 기업채권은 3.8%였다. 그리고 한국 주식시장 35년 전체 기간 동안 코스피지수의 매년 평균 수익률은 9.17%였고 이는 미국의 주식투자의 수익률과 비슷함을 볼 수 있다. (표 10-2)는 한국은행에 보고된 한국 기업 전체의 차입금 금리(대출금 및 채권금리)를 종합한 것인데 평균 5.6%(대기업 5.12%와 중소기업은 6.16%의 평균) 수준이다. 이 역시 미국 기업의 장기 채권금리 5.7%와 거의 같음을 알 수 있다(한국의 2011년도 채권금리는 평균치보다 예외적으로 낮다. 이는 경기가 회복되면서 점차 금리가 상승될 것임을 예상해 볼 수 있겠다).

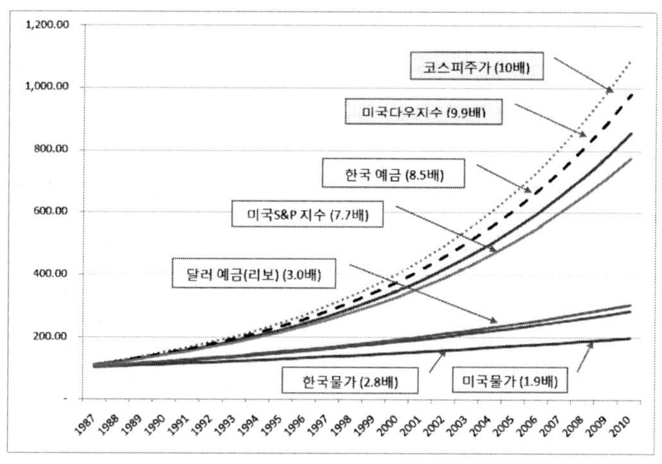

■ **금융상품 수익률 비교 (1986~2010년 / 25년간), GM기준** (자료:한국은행/블룸버그)

구분	한국물가	예금이자	코스피	미국물가	예금(리보)	다우지수	S&P 지수
1986년초	100.00	100.00	**100.00**	100.00	100.00	**100.00**	**100.00**
2010년말	284.49	854.76	**1,091.65**	198.26	304.50	**978.63**	**774.73**
수익률(연)	4.45%	9.35%	**10.47%**	2.89%	4.75%	**9.97%**	**8.91%**
(순위)	6	3	**1**	7	5	**2**	**4**
물가대비 초과수익 ☞		2.0배	2.8배		0.5배	3.9배	2.9배

표 10-3

좀 더 최근 상황을 살펴보자. (표 10-3)은 1986년~2010년 25년 동안 투자자산별로 장기 투자를 했을 경우 최종 수익률이 어떻게 되는지를 비교해 본 것이다. (표 10-3) 아래 있는 테이블은 1986년 초에 예금, 채권, 주가지수에 100을 투자하고서 25년이 지난 2010년에 얼마나 성장했는지를 계산한 실제 사례이다. 표를 보면, 한국의 예금이자 수익률이 9.35% 수준으로 상당히 높은데 이는 80년대 말과 90년대 동안 높은 경제성장에 따른 자금 과수요 및 IMF 위기 극복 과정에서 금리가 연 12%~17%로 상당히 높았기 때문이다. 동 시기에 채권에 투자했다면 원금 100이 8.54배로 증가하여 거의 주식에 버금가는 수익 달성이 가능하였다. 하지만 지금은 한국경제가 개발도상국에서 선진국 형태로 구조적 변화가 있었기 때문에 누구도 이러한 예금이자율을 기대하는 사람은 없다. 한국 물가지수는 25년간 연 4.45% 수준이었고, 물가 대비 수익률은 예금이 2배, 주가는 2.8배 수준이었다. 한국의 코스피지수는 연 수익률이 약10% (지수 성장률 8.7%+평균 배당률 1.6%) 수준이므로 100을 투자했을 경우 1,068.18로 성장하여 원금이 약 10배 가량 증가되었다.

미국 다우지수는 연 수익률이 약 9.97% (지수 성장률 7.83%+배당률 2.14% / 부록 자료4) 수준이므로, 100을 투자했을 경우 978.63으로 성장하여 투자 원금의 약 9.9배 증가되었다. S&P 500 지수도 연 수익률 약 8.91%(지수 성장률 7.11%+배당률 1.8%) 수준이므로 100을 투자했을 경우 774.73으로 성장하여 원금의 약 7.7배 증가하였다. 주목할 점은 미국 기업들은 한국의 기업들보다 성장률은 낮지만 배당률이 높아 총 수익률은 한국 코스피지수와 차이가 크지 않다. 이를 보면 향후 한국의 기업들도 미국의 글로벌 기업처럼 성장률은 낮아지지만 배당률이 점차 증가될 것으로 예상된다. 미국의 예금이자 수익률은 4.75% 수준으로 한국 이자율보다 상당히 낮음을 알 수 있다. 사실 선진국은 정기적으로 보면 경제가 연 3~4% 정도 성장하므로 신흥 성장 국가에 비하여 대부분 금리가 낮다. 미국의 물가지수는 25년간 연 2.89% 수준이었고, 물가 대비 수익률은 예금이 0.5배, 다우지수는 3.9배, S&P500 지수는 2.9배 수준이었다. 한국의 금리가 급격하게 하향 추세를 보이고 있음을 감안하면 미국의 다우지수가 물가 대비 초과 수익률이 3.9배 수준(한국은 2.8배)을 기록했다는 것은 채권보다는 전체 시장에 장기

투자 하는 것이 유리하다는 것을 보여주고 있다.

한국과 미국의 주식투자 및 채권투자 수익률이 비슷한 현상은 이윤을 추구하는 기업의 본질과 100년 영구기업을 목적으로 하는 기업의 재무 및 회계 특성을 감안하면 당연한 결과이다. 미국은 100년의 금융 역사가 있는 나라이다. 한국과 미국을 비교해 보면 결국 기업의 성장과 함께하는 장기투자를 할 경우 최상의 수익이 예상됨을 알 수 있다. 선진국으로 가는 길목에 있는 우리들이 미국 금융 시장의 빅 데이터를 참조하여 노후준비 투자를 하다면 많은 도움이 된다. 금융 빅 데이터 분석결과는 우리들이 장기투자를 할 때 마치 교통안내 GPS 내비게이션처럼 바른 투자의 방향을 제시한다.

자 이제 본론으로 들어가자

높은 수익률과 투자 안전성을 확보하는 두 마리 토끼를 잡는 사냥을 시작하자. 금융 빅 데이터의 활용 방법을 배워보자. 어렵지 않을까 걱정하실 수도 있겠지만 몇 가지 핵심개념만 이해하면 누구나 쉽게 할 수 있다. 먼저 두 마리 토끼를 다 잡으려면 여러분이 할 수 있는 것과 할 수 없는 것을 명확하게 분리해야 한다. 어떻게 내가 할 수 있는 것과 할 수 없는 것을 분리할 수 있을까? 앞의 (표 7, 8) 투자 뼈대 설명을 가지고 살펴보자. 첫째, 매월 투자금액은 나의 수입과 지출을 감안하여 내가 정할 수 있다. 둘째, 투자 시작 시점(투자기간)도 은퇴까지의 기간을 감안하여 내가 정할 수 있다. 셋째, 투자자산 선택(주식, 채권)도 내가 정할 수 있다. 이제 남은 것은 '투자 수익률의 크기에 따라서 만기에 목돈의 크기(또는 연금의 크기)가 얼마가 될까' 하는 것이다. 그런데 투자자산 선택은 내가 할 수는 있지만 수익률은 내가 정할 수 있는 것은 아니라 시장에서 주어지는 것이다. 그럼 어떻게 하면 매력적인 매년 9~10% 수준의 주식투자 수익률을 내 것으로 만들 수 있을까? 그리고 투자 위험의 크기를 나타내는 표준편차는 주식투자가 가장 큰 데 어떻게 줄여야 할까?

투자는 결국 내가 마음대로 할 수 없는 수익률 문제로 정리된다. 이제 내 맘대로 할 수 없는 수익률과 투자 위험에 대하여 알아보자. 먼저 투자 수익률의 특성을 알아보자. 로또 복권 당첨자들을 보면 행운이 항상 그들과 함께 하지는 않고 결국에는 복권에 당첨되지 않은 대부분 보통 직장인들보다 인생 말로가 좋지 않다. 투자자인 여러분과 투자 수익률의 관계도 이와 유사한 점이 많다. 여러분이 투자 수익률 특성에 대한 정확한 이해가 없으면 조급한 마음에 여러분의 노후준비 돈에만 관심 있는 주변사람의 말만 듣고 현실적으로 불가능한 요행을 기대하며 모래성과 같은 장밋빛 노후를 기대하다가 뒤늦게 황당한 경우를 당하게 된다. 누구나 한두 번 투자에 성공할 수는 있다. 하지만 100세 인생을 준비하는 장기 마라톤 경주와 같은 투자과정에서 내가 (또는 바쁜 나를 대신하여 투자해 주는 전문가) 실력(?) 발휘해서 항상 남들보다 앞서는 1등 수익률을 달성할 수는 없다. 나만 로또 같은 행운을 계속 기대하는 것은 정말 바보 같은 짓이다. 우리는 종종 혼자서만 시장을 짝사랑하다가 사랑하던 시장에게 잡혀 먹히는 황당한 실수를 반복하기도 하고, 반대로 투자 실패의 두려움 때문에 필요 이상으로 안전한 투자자산

만을 찾다가 인플레이션이란 더 큰 위험에 빠지기도 한다. 하지만 여러분이 한 발 물러서서 시간을 가지고 바라다보면 매년 로또 복권 정도는 아니지만 올림픽 금메달을 딴 선수들이 받는 연금 정도를 더 받는 확실한 방법은 있다.

2) 노후준비 투자수익률 자격조건

< 적정 수익률 자격조건 >	단기 상품	채권	개별 주식	시장 지수	부동 산	상품 투자	파생 상품
1.투자 수익률이 **물가수준** 이상인가?	X	△	△	○	○	○	△
2.투자자산의 **부도위험** 없는가?	○	△	X	○	X	△	X
3.**투자자산 운영기관**은 신뢰할 만 한가?	○	○	○	○	△	△	△
4.장기간 **적정수익률 유지**가능한가?	X	X	X	○	△	X	X
5.**유사한 경험적 자료**가 충분한가?	○	○	△	○	△	X	X
6.투자 참여가 **간단하고 수월** 한가?	○	△	○	○	X	X	X

표 11-1 수익률 자격조건

　노후준비 투자는 인생을 설계하는 중요한 일이므로 큰 전략을 가지고 신중하면서도 세밀하게 준비해야 한다. 따라서 투자자산별로 세부내용을 알아보기 전에 노후준비에 적합한 수익률 자격조건을 먼저 점검해 보아야 한다. 첫째, 투자수익률은 물가수준 이상이어야 한다. 연 2~3% 수준의 인플레이션(물가)보다 평균적으로 기대할 수 있는 투자수익률이 높아야 한다. 둘째, 투자자산의 부도위험이 없어야 한다. 아무리 예상되는 수익률이 높아도 부도 발생되면 아무 의미 없다. 참조로 개별주식에 투자한다면 부도위험이 가장 크다. 셋째, 투자자산을 운영하는 기관은 신용이 우수해야 한다. 아무리 내가 투자한 금융상품의 투자 수익률이 높아도 금융상품을 운영하는 기관이 부도 발생되면 법원 청산과정을 거친 후에야 일부 투자 수익을 받을 수 있다. 저축은행이 부도발생 되었을 때 예금하신 분들이 돌려받는데 상당한 어려움이 있었다. 따라서 신뢰하기가 어려운 작은 금융회사, 조합, 단체 보다는 공신력 있는 기관을 통한 투자가 되어야 한다. 넷째, 투자 수익률은 장기간 일정하게 유지되어야 한다. 노후준비 투자는 은퇴하는 시점에 내손 안에 쥐어지는 돈의 크기가 중요하다. 은퇴 전 준비기간 동안 일시적으로 수익률이 높아지면 기분은 좋겠지만 별 의미가 없다. 최종 은퇴 시점에서 투자 전체기간 동안의 최종 수익률이 높은 것이 중요하다. 다섯째, 앞의 내가지 투자수익률 자격조건을 모두 충족한 사례가 충분하게 있어야 한다. 그래야만 미래에도 유사한 결과가 나타날 가능성이 커지기 때문이다. 여섯째, 내일 즉시 내가 투자할 수 있을 정도로 투자 실행이 수월하야 한다. 부동산 투자처럼 현장답사 등에 많은 시간이 소요되면 바쁜 우리들이 투자하기가 어렵다. 이 외에도 많은 점검할 사항이 있지만 노후준비 투자 시 최소한 여섯 가지 수익률 자격조건은 반드시 점검하여야 한다. 뒤에서 설명드리겠지만 모든 자격조건을 통과한 것은 전체시장에 투자하는 인덱스펀드 뿐이다.

3) 수익률 크기는 내가 선택하는 자산 유형에 따라 정해진다

투자자산	거래 상대방	수익률 형태		기대수익률	추가수익률		추가되는 위험유형
국채	물가지수		인플레이션	3.00%			가치손실 위험
	중앙은행	+	기준금리	3.50%	+	0.50%	통화가치 변동위험
단기금융상품	금융기관	+	예금금리	4.50%	+	1.00%	은행 부도위험
채권	기업	+	가산금리	6.50%	+	2.00%	기업 부도위험
주식	기업	+	위험보상	9.50%	+	3.00%	시장변동 위험

표 11-2 투자자산 유형별 수익률 차이

위험(손실가능성)이 크면 커진 위험을 보상하기 위해 투자자가 기대하는 수익률도 높아진다. 자산 유형별 수익률 차이를 정리한 (표 11-2)를 보자. 표를 보면 위험의 유형이 추가될수록 기대되는 수익률도 같이 올라가게 된다. 모든 투자자산 수익률의 출발점이 되는 중앙은행 금리는 금융통화위원회에서 경제상황을 감안하여 매우 신중하게 결정된다(금융통화위원회는 한국은행 총재와 부총재, 기획재정부 장관, 금융위원장, 대한상공회의소 의장, 전국은행연합회장이 참석하여 매달 두 번째와 네 번째 목요일에 정례회의를 여는데 기준금리 결정은 두 번째 목요일에 한다). 은행은 중앙은행보다 신용도가 낮다. 즉 은행은 중앙은행과 달리 부도 날 위험도가 있다. 따라서 은행 금융상품에 투자(예금, 적금 등)한 분들은 중앙은행 기준금리보다 약간 더 높은 수익률을 요구하게 된다. 마찬가지로 대부분의 기업은 은행보다 부도 위험이 더 크다. 따라서 기업이 발행하는 채권에 투자한 투자자는 은행에 투자할 때보다 약간 더 높은 수익률을 요구한다. 기업의 주식에 투자한 투자자는 채권투자보다 위험도가 크다. 당연히 주식 투자자는 채권투자자보다 높은 수익률을 요구한다. 그런데 중요한 것은 이것이 아니다. 투자자산별 수익률의 특성을 이해하려면 하나를 더 생각해야 한다. 바로 시간의 크기이다. 수익률은 높을수록 좋고 위험은 작을수록 좋다. 하지만 시간이 지남에 따라서 당초 높았던 위험은 낮아지기도 하고 낮았던 수익률은 높아지기도 한다. 즉 투자자산의 수익률의 크기는 시간이 지남에 따라서 많이 바뀐다.

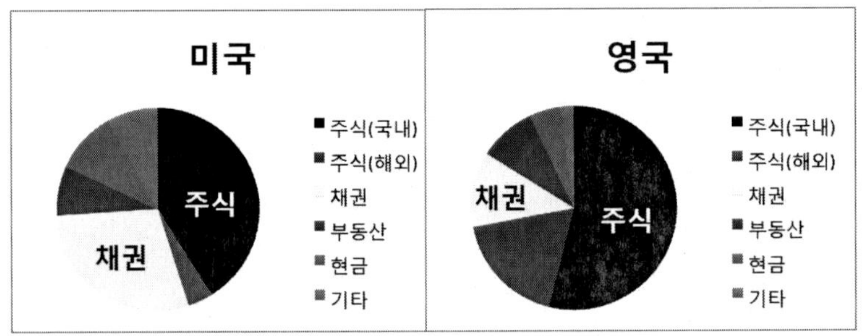

Investment Analysis and Portfolio Management
- Frank K. Reilly and Keith C. Brown

표 12 자산유별 투자 비중 1990~1991년

여기서 (표 12) 영국과 미국 연금공단의 자산운영 사례(1990~91년도)를 잠시 보자. 두 나라 모두 이미 상당수의 은퇴한 국민들이 연금을 수령하고 있고 동시에 젊은 세대들은 연금을 계속 납부하는 상황이다. 금융선진국인 영국의 연금공단 투자 내용을 보면 주식 채권 같은 금융자산에 대한 투자 비중이 84%나 된다(미국은 74%). 지금 우리들의 가계 자산이 대부분 부동산으로 구성되어 있지만 이를 보면 향후 한국의 경제가 선진국 형으로 전환되면서 금융자산의 비중이 높아질 수밖에 없음을 알 수 있겠다.

4) 주식은 왜 채권보다 수익률이 높을까?

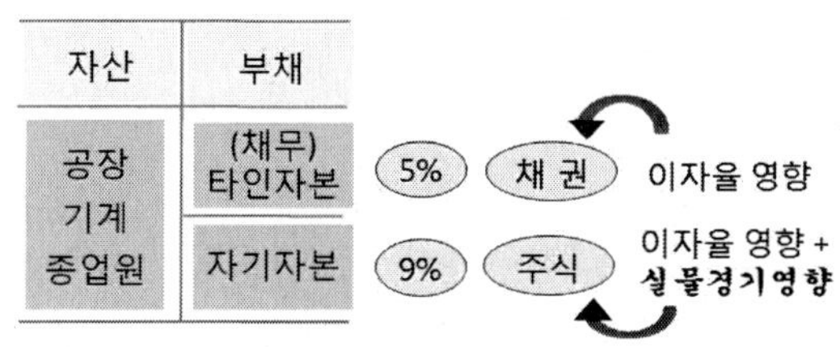

주식과 채권 가격변동 요인

답은 이미 여러분들이 알고 있다. 주식이 채권보다 더 위험(Risk)하니까 내가 기대하는 수익률 (Return)이 채권보다 더 높은 것이다. 그런데 다들 막연하게 위험하다고 알고 있지 정확하게 어떻게 더 위험한지는 잘 모른다. 우리들의 노후준비 투자수익률과 깊은 연관이 있으니 자세히 알아보자. 먼저 위험은 기업의 부도위험(신용위험, Credit Risk)과 기업이 부도난 것은 아니지만 시장거래 가격이 하락하여 손실 발생하는 시장위험(Market Risk)이 있다. 예를 들어 10,000원 주고 산 주식이 5,000원으로 하락해 -5,000원 손실이 발생될 가능성의 정도가 시장위험이다.

자, 그럼 주식과 채권을 비교해 보자. 첫째, 주식은 부도위험이 채권보다 크다. 기업이 부도 발생하면 먼저 부채(타인자본을 말하며 은행 차입금, 회사채 발행금)를 다 상환하고 나서 남는 돈이 있을 때 주주(자기자본으로 주식을 말함)에게 지급된다. 하지만 통상 부도가 발생되면 남는 것이 없으므로 주식은 휴지조각이 되고 만다. 그래서 주식이 더 위험하므로 기대하는 수익률이 채권보다 높다. 둘째, 주식은 시장가격 변동 폭이 채권보다 크다. 주식과 채권은 모두 시장에서 거래되므로 항상 가격이 오르내리므로 내가 팔려고 할 때 가격이 내려가면 손해 보고 싸게 팔아야 하는 경우가 종종 있다. 채권은 시장 이자율 변동에 따라서 가격이 오르내리지만 주식은 시장 이자율 변동 위험에다가 미래 경기 예상변수가 하나 더 해져서 가격이 오르내리게 된다. 그러니 채권보다 가격 등락의 정도가 더 클 수밖에 없다. 즉 주식이 거래시장에서 가격변동 위험이 더 크므로 요구되는 기대 수익률도 채권보다 더 높을 수밖에 없다. 셋째, 여러분이 기업을 소유한 사장님이라 생각해 보자. 누가 가장 큰 수익을 가져갈까? 바로 사장님이다. 여러분이 투자한 주식이나 사장님의 주식이나 모두 동일한 주식이다. 따라서 기업이 망하지 않는 한 자기 자본인 주식은 타인자본인 채권보다 장기적으로 수익률이 높을 수밖에 없다.

자, 그런데 이게 전부가 아니다. 조금 더 생각해 보아야 한다. 우리들이 자발적으로 원하지 않는 이상 우리 대신 투자자산을 관리해 주는 금융회사가 부도났거나 조만간 부도가 날 기업에 투자하는 경우는 거의 없다(참조로 해지펀드의 일종인 'Vulture Fund'는 부도 기업에 투자한다. 1998년도 IMF 금융위기 때 한국의 부도기업에 투자한 사례가 있다). 더욱이 우리들이 가입하는 일정 규모 이상의 펀드는 수백 개의 주식과 채권에 분산투자를 하게 되므로 개별기업의 부도위험은 대부분 제거된다(이를 '포트폴리오 매니지먼트'라고 한다) 또한 기업이 부도 날 것으로 예상되면 실제 부도발생이 되기 전에 시장 거래가격이 폭락하게 된다. 펀드매니저는 일정수준 이상으로 가격이 폭락하면 자동으로 손절매(Stop Loss)를 하게 되므로 투자한 주식을 부도날 때까지 보유하는 경우는 거의 없다. 결국 내가 원해서 비 상장된 채권이나 주식에 투자하지 않는 이상 개별 기

업의 부도발생 위험은 이미 시장위험 속에 포함되어 있다. 따라서
우리에게 중요한 것은 주식이나 채권의 시장가격 등락 위험의 크기
를 나타내는 시장위험이 된다.

■ 미국 금융시장 수익률 현황 (70년사 / 1926-1995)

구분	기하평균	산술평균	표준편차
주식 대형주	10.50%	12.50%	20.40%
주식 소형주	12.50%	17.70%	34.40%
채권 장기(기업)	5.70%	6.00%	8.70%
채권 장기(정부)	5.20%	5.50%	9.20%
채권 중기(정부)	5.30%	5.40%	5.80%
채권 단기(정부)	3.70%	3.80%	3.30%
인플레이션(물가지수)	3.10%	3.20%	4.60%
물가상승 감안후 (대형주 수익률)	7.20%	9.20%	20.60%
물가상승 감안후 (소형주 수익률)	9.10%	14.10%	33.70%
물가상승 감안후 (장기 기업채권)	2.50%	3.00%	10.00%
물가상승 감안후 (장기 정부채권)	2.00%	2.50%	10.60%
물가상승 감안후 (중기 정부채권)	2.10%	2.30%	7.10%
물가상승 감안후 (단기 정부채권)	0.60%	0.70%	4.20%

Modern Portfolio Theory and Investment Analysis
- Elton, Gruber, Brown, and Goetzman

표 13-1 금융자산별 시장위험 크기

한국도 이제 선진 금융시장의 특성을 빠르게 닮아가고 있다. 따
라서 미국의 실제 투자자산별 장기 수익률과 시장위험 자료(표13-1)
을 살펴보는 것은 큰 그림을 이해하는 데 중요한 의미가 있다. 미국
의 70년 금융역사(1926년~1995년)를 살펴보면 대형주식은 매년 평
균 10.5%의 높은 수익률을 기록했다. 하지만 시장위험의 크기를 나
타내는 위험(표준편차)도 20.4%로 크다. 반면 기업채권은 매년 평
균 5.7%의 수익률을 기록했으나 시장위험은 8.7%로 주식 위험도보

다 작다. 단기금융상품으로 볼 수 있는 단기채권(정부)은 매년 평균 수익률이 3.7%였고 시장 위험도는 3.3%였다. 여기서 우리들이 주목 해야 할 부분은 인플레이션(물가)이다. 채권과 단기금융상품은 수 익률을 잡아먹는 인플레이션을 차감하고 나면 남는 것이 거의 없 게 된다. 은퇴 이후 노후연금 기간 동안에는 월급이 없으므로 매월 생활비 마련을 위해 일정한 수익지급이 예상되는 채권투자가 어느 정도 필요하지만 은퇴 전 열심히 일해서 생활비를 충당할 수 있는 기간 동안에도 수익률이 낮은 채권에만 투자한다면 어떻게 될까? 마치 강아지가 자기 꼬리 물려고 제자리를 맴돌 듯이 목돈 모으기 가 힘들게 된다. 이제 한 가지 숙제가 남아 있다. 주식에 투자하면 수익률 높아 마다할 사람이 없는데 문제는 항상 바늘과 실처럼 따 라다니는 시장 위험(표준편차)을 어떻게 줄일 것인가? 하는 것이다.

5) 시장 위험이란 무엇일까?

먼저 투자위험에 대한 생각을 재정립해 보자. 위험은 우리가 관 리해야 할 대상이지 제거해야 할 대상이 아니다. 위험을 완전히 제 거하려면 누군가에게 위험을 넘겨야 하는데 공짜로 넘길 수는 없 고 비용을 지급해야만 한다. 이 비용이 투자수익을 다 가져가기 때 문에 남는 게 없게 된다. 따라서 위험은 내가 감내할 만한 범위 내 에서 관리해야 할 대상인 것이지 제거할 대상이 아니다. 앞서 위험 은 기업의 부도위험과 시장 거래가격이 오르내리는 시장위험이 있 다고 했다. 그리고 개별 기업의 부도위험은 시장위험에 대부분 포함 된다고 했다. 따라서 관리해야 할 대상은 시장위험이다.

시장 위험이란 일정해야 할 투자자산의 시장 거래 가격이 상황에 따라서 항상 오르고 내리므로 시장 거래 가격에 따라서 계산되는 투자 자산별 수익률도 시계추처럼 왔다 갔다 하는 스윙현상을 말한다. 수익률 스윙현상의 크기가 시장위험의 크기이며 이를 숫자로 표기한 것이 표준편차 값이다. 스윙현상이 우리들의 투자에 중요한 이유는 내가 주식이나 채권을 팔아야 할 때 얼마나 많이 그리고 빨리 공정한 가격으로 사려는 사람들을 찾을 수 있느냐와 연관되기 때문이다. 이를 다른 말로 투자자산의 유동성 크기라고 한다. 스윙의 크기가 작을수록 내가 기대한 가격으로 매매를 할 가능성이 커지므로 스윙은 작을수록 좋다. 주식과 채권은 무수한 사람들이 사려고도 하고 팔려고도 하기 때문에 유동성이 가장 좋은 대표적인 투자자산이다. 그래서 금융선진국 미국과 영국의 연기금공단은 전체 보유자산 중 주식과 채권에 74%, 84%까지 투자하고 있다. 하지만 부동산에는 미국이나 영국 모두 투자비중이 10%도 되지 않는다. 가장 큰 이유는 부동산투자는 유동성이 작기 때문(시장위험이 크다는 의미)에 팔아야 할 때 제값받기가 힘들고 관리위험도 크기 때문이다. 금융위기 때 기업이 당장 갚아야 할 돈 때문에 보유한 부동산을 헐값에 팔아야 했던 상황이 대표적인 부동산투자의 유동성 부족 사례였다. 더욱이 부동산 투자 실적은 실적 부진으로 조기에 정리된 실패한 투자 부분들이 빠져 있고 성공한 투자사례 실적만 표시되어 있어 수익률이 실제보다 과장되는 문제점도 있다. 이런 사유로 부동산은 주식과 채권 대비 투자비중이 그리 높지 못하다.

시장 위험에 대한 이해를 돕기 위해 투자기간이 길어짐에 따른 전체 시장투자 위험, 즉 스윙의 크기가 감소되는 현상을 그림으로 표기(표 13-2)해 보자. 먼저 지난 35년간 한국의 코스피지수(상장기업의 주가를 가중 평균한 값)의 수익률은 미국 채권투자 수익률의 2배인 약 9% 내외였다. 하지만 시장위험(스윙의 크기, 표준편차 크기) 또한 채권보다 3배나 크다. 그러나 코스피지수의 시장위험은 투자 기간이 길어질수록 급격하게 감소된다. 실제 코스피 시장 지수를 투자 기간별로 시장위험도를 정리한 (표 13-2)을 보면, 10년 이내에는 스윙이 크지만 10년이 지나면서 스윙의 크기가 대폭 감소된다. 즉 투자기간을 1년으로 할 경우 한국과 미국 시장지수의 위험도 값은 35.3%, 21.4%이다. 하지만 투자기간을 10년으로 하면 10.5%, 5.8%로 대폭 작아지고 투자기간을 30년으로 하면 매년 수익률 변동 위험이 0.8%와 2.4%까지 줄어들어서 위험이 거의 사라지게 되는 것을 볼 수 있다. 그러나 이러한 현상은 몇 개 기업의 주식에만 투자한 경우 해당되지 않고 전체 시장에 분산투자를 하는 경우에만 해당된다. 미국의 다우지수 100년 금융역사도 한국의 코스피지수와 거의 같은 현상을 보여준다.

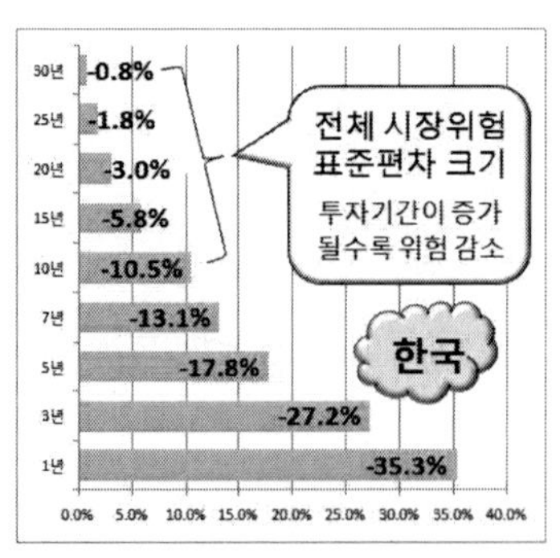

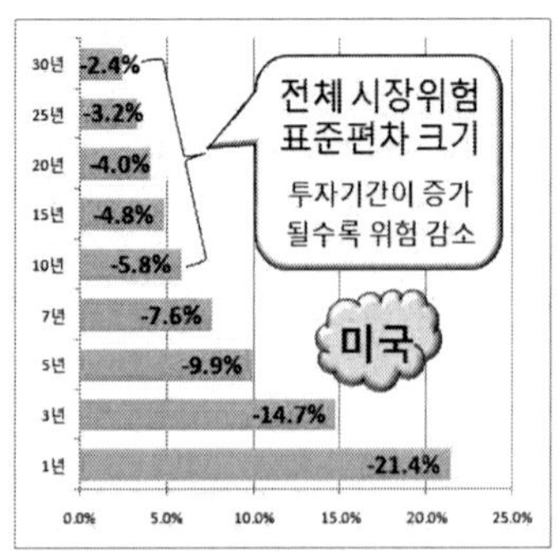

표 13-2 투자기간에 따른 지수의 시장위험 감소

　즉 시장 전체에 장기 투자하면 채권보다 수익은 2배 이상 되지만 위험은 크게 낮아지게 되는 것이다. 한국과 미국의 사례를 보면 채권은 투자수익률이 약 5% 정도이며 수익률의 오르내림이 주식보다 덜하다. 단기금융상품(은행발행 CD, 예금 등을 말한다)은 거의 가격변동위험이 없다. 단지 수익률이 가장 낮을 뿐이다.

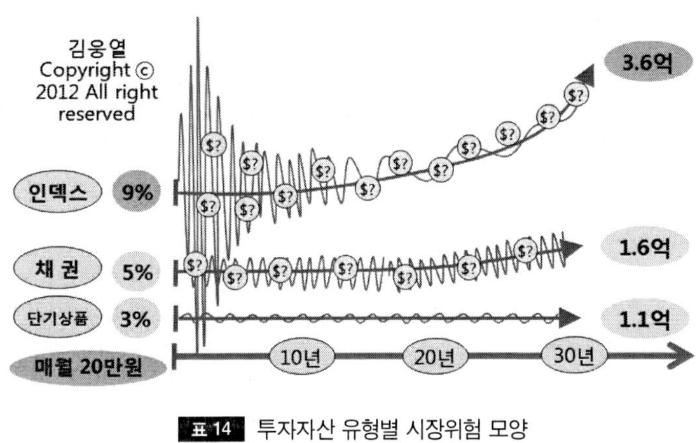

표 14　투자자산 유형별 시장위험 모양

　정리하면 (표14)와 같이 된다. 단기상품은 스윙이 거의 없다. 채권도 스윙의 크기가 그리 크지 않지만 수익률이 주식의 절반에도 못 미친다. 전체 시장에 투자하는 인덱스펀드는 10년 이내에서는 스윙이 무척 크다. 하지만 장기투자로 갈수록 스윙의 크기가 급격하게 줄어들며 10년이 지난 시점부터는 채권의 스윙보다도 작아지고 20년 이상 되면 거의 스윙 현상이 없어지게 되며 단지 채권보다 2배의 수익만 남게된다. 참조로 인덱스펀드란 전체 시장을 대표하는 주요기업들의 주식으로 구성된 펀드를 말하며 수익률과 위험이 전체시장과 거의 동일하게 움직이는 펀드를 말한다.

1) 채권투자 수익률은 왜 변동될까?

수익률 스윙 즉, 시장위험을 줄이려면, 왜 시장위험(스윙현상)이 발생하는지를 살펴보아야 한다. 먼저 채권의 경우를 알아보자. 기업은 필요자금을 은행에서 빌리기도 하지만 신용 좋은 기업은 은행을 거치지 않고 증권사를 통해 채권을 직접 발행하여 자금을 조달하기도 한다. 금융기관뿐만 아니라 우리들도 개인적으로 채권펀드에 가입하여 기업이 발행하는 채권에 투자할 수 있다. 개인들이 가입하는 채권 펀드는 투자자 보호를 위해 대부분 신용이 우량한 기업이 발행한 채권(전문용어로 "투자적격채권"이라 하며 신용등급 BBB이상의 채권을 말한다)에 대하여만 투자가 가능하도록 제한되어 있어 기업의 부도 위험이 작고 채권의 가격등락 폭도 비우량 채권을 모두 포함할 때보다 상대적으로 작다.

Original Rating	Years After Issuance									
	1	2	3	4	5	6	7	8	9	10
AAA	0.00	0.00	0.00	0.00	0.03	0.03	0.03	0.03	0.03	0.03
AA	0.00	0.00	0.35	0.54	0.54	0.54	0.54	0.54	0.57	0.59
A	0.00	0.00	0.02	0.09	0.12	0.20	0.25	0.34	0.40	0.40
BBB	0.12	0.60	1.14	1.73	2.28	2.85	3.55	3.70	3.75	3.98
BB	0.96	2.56	6.50	7.12	9.12	9.98	11.47	11.87	13.41	16.66
B	1.60	6.46	12.03	17.85	22.73	25.94	28.25	29.76	30.92	31.51
CCC	4.35	17.03	31.00	36.62	38.53	44.15	46.70	48.44	48.44	50.58

Source: Altman and Nammacher [5].

표 15 채권 신용 등급별 부도율 - S&P 1971~2000년

또한 채권투자는 투자 매니저가 은행의 대출심사 과정처럼 투자하려는 각각의 기업을 세밀하게 분석해서 투자하는 것이라기보다는 주로 신용평가사가 기업의 채권에 부여하는 신용등급을 기준으로 투자된다. 또한 신용등급 BBB 이상 되는 적격채권을 투자 대상으로 정해서 정부, 공기업, 금융기관, 일반기업, 구조화 채권(주로 자산 유동화 채권을 말 함) 등과 같이 채권을 발행하는 발행자 유형별로, 그리고 신용등급 별로 구분한 후 투자자금을 나누어서 투자된다. 따라서 채권을 운영하는 담당자의 채권 선별 능력보다는 신용평기기관이 부여하는신용등급이 더 중요하게 작용한다. 그러나 간혹 신용평가기관도 신용등급 산정을 잘못하는 경우도 있다. 신용평가를 직업으로 하는 분들이지만 기업이 하는 사업의 본질적 특성에 대한 이해부족과 현장보다는 통계적 숫자로 추정되는 모델에 따라서만 신용등급을 부여하게 되면 실제 기업의 신용도와 다른 결과가 나올 수도 있다.

자, 이제 채권 수익률이 왜 스윙하는지 알아보자. 채권은 만기가 3~5년짜리가 대부분으로 발행 당시 신용평가사가 채권의 만기까지 상황능력을 분석하여 신용등급을 정한다. 따라서 중도에 큰 변화가 없는 한 채권신용등급의 변동은 거의 없다. 따라서 채권펀드의 운영 실적은 채권운영자가 얼마나 미래 시장 이자율을 잘 예상할 수 있느냐에 달려있게 된다. 발행된 채권에는 발행금액(100억 원), 지급이자율(5%), 만기(3년)가 정해져 있다. 채권이 처음 발행된 시점에서는 채권지급이자율(5%)과 기관투자자들의 요구하는 기대이자율(5%) 간에 차이가 없다. 하지만 시간이 지나면서 발행된 채권의 지급이자율은 (5%)로 고정되어 있지만 시장금리가 (7%)로 상승하게 되면 투자자가 요구하는 기대 수익률도 (7%)로 상승하게 되므로 당초 투자한 채권의 지급이자율 (5%)보다 (-2%)부족하게 된다. 그래서 시장 금리가 올라가면 (-2%) 부족한 만큼 채권가격은 하락하게 된다. 물론 시장금리가 5%에서 3%로 하락하면 채권가격은 (2%) 시장금리 하락된 만큼 상승된다. 금리 변동에 따른 채권가격 변동현상을 좀 더 자세히 알고 싶으신 분은 부록 자료3(채권가격 자동 계산프로그램 포함)를 참조해 주시기 바란다.

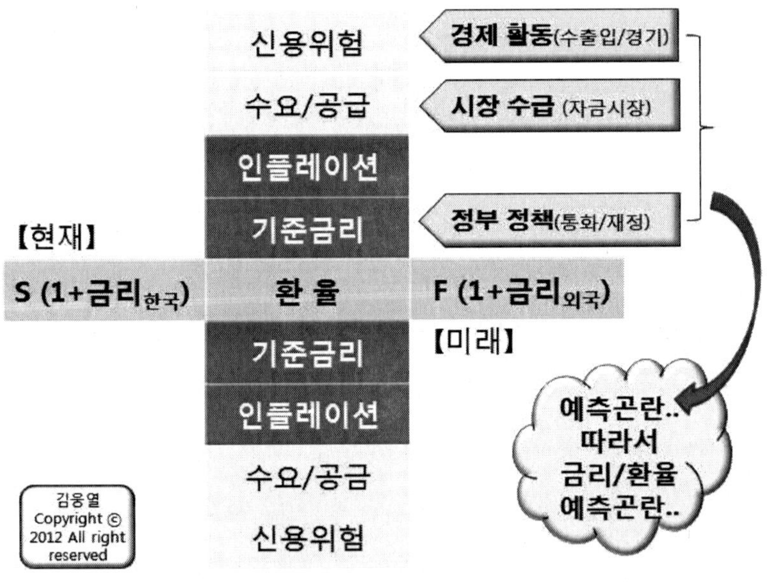

표 16 시장금리 구성

결국 투자자가 시장금리 변동을 미리 알 수 있다면 채권투자가 어려울 것이 없겠지만 시장금리는 (표 16)와 같이 예측하기 어려운 변수들이 많아 미리 알 수 없다. 첫째, 시장금리의 바탕이 되는 중앙은행 기준금리는 금융통화위원회에서 매월 결정한다. 기준금리는 환율에도 민감하게 영향을 미치게 되어 국가 수출입활동과 연관되어 있다. 따라서 정책적인 요인들이 복잡하게 얽혀있어 기준 금리가 어떻게 결정될지 미리 예상하기가 어렵다. 둘째, 시장금리는 자금시장의 수요공급에 따라서 민감하게 반응한다. 돈을 빌려 쓰려는 사람이 많아 자금수요가 커지면 금리가 올라가고 반대로 자금수요가 작아지면 금리는 내려간다. 수많은 기업들의 자금 수요와 금융기관들의 자금 공급 여력을 알기 어려우니 이 역시 예상하기가 어렵다. 셋째, 신용도가 좋은 기업과 그렇지 못한 기업이 동시에 채권을 발행하면 두 채권 간에 지급이자율 차이가 존재한다. 이를 신용 가산금리라고 하는데 경기가 좋으면 신용가산금리가 줄어들고 경기가 나빠지면 부도발생 기업이 늘어날 가능성이 많아져서 신용가산금리가 확대된다. 경기예상이 어려우니 역시 예상하기가 어렵다. 정리하면 채권투자는 채권의 만기까지 미래 시장금리의 변화에 따라서 채권투자 수익률이 항상 변동된다. 따라서 정부가 발행한 부도위험이 없는 국채에 투자를 한다 해도 향후 시장 금리변동에 따른 수익률의 변동위험(시장위험, 스윙현상)은 피할 수 없게 되는 것이다.

2) 주식가격은 어떻게 계산될까? 주가는 왜 변동되나?

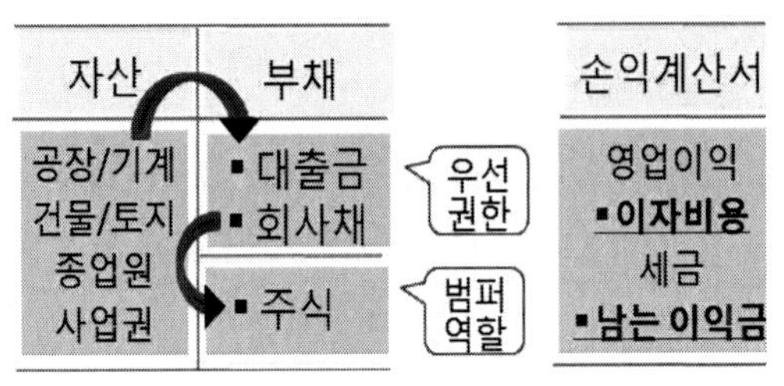

주식은 채권과 같은 시장금리 변동위험 + 해당 기업의 미래 수익창출 능력(손익계산서의 당기순이익 크기)에 대한 투자자 평가 변동이란 위험이 더해진다. 말이 좀 복잡해지는 느낌이다. 사실 주식평가는 가장 어렵고 복잡한 일이다. 조금 단순화시켜서 생각해 보자. 아무리 사장님이 부자라 해도 기업 활동에 필요한 자금을 혼자서 다 조달할 수는 없다. 은행 대출이나 채권 또는 주식을 발행해서 우리들로부터 빌려야 한다. 일반적으로 대출은 은행이 엄격한 심사과정을 거쳐서 기업의 자산 가치(공장, 토지, 건물, 기계 및 영업권, 브랜드가치 등)의 일정비율까지만 대출해주므로 은행이 돈 못 받을 위험은 작다. 채권은 신용평가기관(무디스, 스탠더드앤푸어스, 한국기업평가, 한국신용평가, 한국신용정보 등)이 채권을 발행하는 기업에 대하여 만기까지 상환능력을 미리 점검하고서 발행된다(채권발행 시 투자자에게 제공되는 기업소개 자료에는 관련법에 따라서 신용평기기관이 기업의 상환능력을 평가하여 신용등급을 산정해서 공개하도록 정해져 있다). 또한 우리들이 펀드가입을 통해서 투자하는 채권은 대부분 투자적격등급 채권으로 원리금 상환에 문제가 없는 기업들의 우량 채권들이다.

그러나 주식투자는 채권처럼 만기도 없고 시장금리 변동 위험뿐만 아니라 어떻게 보면 세상에서 일어나는 모든 경제활동으로부터 영향을 받게 된다. 주식투자는 은행 대출처럼 의무화된 기업분석 심사과정도 없고 채권투자처럼 제도적인 신용평가 등급도 없으며 투자자를 보호하는 법적 장치도 없다. 기업이 부도 발생되면 상환 순서도 가장 마지막이다. 이론적으로 주식가격의 계산은 대출 심사와 채권 신용등급평가 과정을 모두 포함하면서 추가적으로 기업의 현재 및 미래 경쟁력 수준을 감안하여 해당기업이 향후 몇 년간 생존 할 수 있는지를 판단(이를 PER값이라고 한다. 'PER = 주당순이익/주가'로 계산되며, 현재 주가가 수익금 대비 몇 배 수준인지를 보여준다)해야 하는 복잡한 일이다. 그리고 이는 투자자 각자의 주관적인 판단에 크게 영향을 받는다.

저자도 은행 지점에서 개인 및 기업의 예금, 대출, 외환 업무를 담당했었고, 이후 13년간 국제 투자금융 업무를 담당하며 기업들과 같이 IMF를 경험하고 극복하는 현장에 있었다. 많은 국내 및 해외 기관(은행, 보험, 증권, 신용평가사, 회계법인, 법무법인, 신용평가사, 자산운용사 등)들과 한 팀이 되어, 거액 차관단대출, 해외채권발행, 유동화금융, SOC프로젝트금융, 선박금융, 부동산금융 등을 추진했었다. 싱가포르에서 일할 때는 현지 기업이나 금융기관에게 전화를 걸며 찾아다니는 맨발의 마케팅으로, 3년간 약 8억달러 상당의 국제 투자와 외화 자금 조달을 동시에 진행하기도 했다.

■ 기본 분석

변수1) 수요크기	선진국 소비자	안정된 소비층, 신상품/서비스 수요
변수1) 수요크기	개발도상국 소비자	인구, 잠재소비(내수시장) 증가, 지불여력 변수
변수2) 경기전망	글로벌 경기	수요크기 변동, 일시적 사건(금융위기, 오일쇼크, 종교분쟁등)
변수2) 경기전망	역내 국가 경기	역내 국가 위기(재정파탄)
변수2) 경기전망	한국 경기	수출확대, 내수시장 성장성,
변수3) 국가 능력	한국 경쟁력	사회 및 경제 시스템 효율성, 인적 자원활용 효율성, 국가경영 전략
변수4) 산업경쟁력	특화산업여부	IT, 바이오, 제조, 에너지, 운송, 공공산업 등
변수5) 기업경쟁력	경쟁력 수준	경영 → 미래 성장 경영전략(미래 먹거리), 현상진단 및 포지셔닝

경쟁력 수준:
- 판매 → 전략적, 효율적인 영업추진 여부, 소비자 Care 정신
- 투자 → 신 시장(제품) 개발 능력
- 관리 → 효율적 인력운영 / 재무, 자금관리 능력 / 효율적 래버리지

■ 분석 실무 - 사례) 신흥시장 투자검토 과정

질문1) 신흥국 소비증대 예상	중국,브라질,인도,러시아 등
질문2) 어떤 산업여 경쟁력?	IT, 가전제품 수요 증대 예상
질문3) 어느 기업여 수혜받을까?	글로벌 IT및 가전기업 투자 물색
질문4) 삼성전자 선택했다면...	1) 정치 사회적 위험은? → 노동자 파업?

삼성전자 Risk 검토
- 2) 통화정책 위험 여부 → 정부 환율정책, 국가 지불능력(외환보유액)
- 3) 경영 효율성, 시장 경쟁력, 지속 성장 여력 등
  - 휴태폰, IT → 애플, 노키아 대비 경쟁력있나?
  - TV 산업 → LG, 대만기업, 중국기업, 일본기업 대비 경쟁력은?

■ 재무 분석

1) 기업문화(경영진, 종업원, 동업계 평가, 인사)
2) 기본 재무구조 분석(재무비율)
3) 미래 현금흐름 분석(매출액 추이, 유동성, 재무구조 적정성)
4) 기업경영 주변여건 분석(금리,세금,재료비,인플레이션등)
5) 회계기준 적정성 (IFRS)
6) 회계/감사보고서 적정성
7) 기업 신용등급 적정성
8) 기업 주가 적정성 검토(DDM, CML, PER, Fed model? 등)
  → 상기 1)~7)의 모든 분석과정이 적정했을 경우에만 비로서 분석 가능

손익계산	결정변수	위험요인	관리주체
매출액	영업력	경쟁사 신상품	기업
- 재료비	원가관리	시장가격 변동	기업
- 비용	내부관리	인플레이션	정부/기업
- 상각비	내부관리	인플레이션	정부/기업
- 금융비용	시장금리	시장금리상승	기업/정부
- 세금	정부정책	세율상승	정부
순이익(NI)			

■ 혹시, 나의 분석결과가 시장의 평가와 다를 것으로 우려된다면?

대안1) 분산투자	경기분산	IT 소비재 산업 + (경기 방어주, 음.식료, 공공기업등)
대안1) 분산투자	산업분산	IT 가전산업 + (바이오, 에너지, 공공사업등)
대안1) 분산투자	국가분산	한국 삼성전자 + (대만기업, 중국, 일본기업, 인도현지기업 등)
대안1) 분산투자	기업분산	삼성전자 + (LG, 애플, 노키아 등)
대안2) 해지거래	파생상품 이용?	**추가 비용발생 부담 및 시장 유동성 위험상존 감안 필요**

표 17-1 개별 기업 주가분석과정 사례

기업으로부터 금융 주선요청을 받으면 이를 국내외 타 금융기관에게 연계하는 업무를 하는 과정에서 대출금을 받으려는 기업 재무담당자들과 함께 대출을 해줄 투자자들에게 배부할 정보자료(Information memorandum이라 하며 기업소개, 프로젝트 설명,

심사참조자료 등이 포함된 안내서)를 준비하는 데만 수개월이 걸린다. 그리고 이를 다시 각각의 투자자들에게 설명하여 공감을 얻는 데까지 몇 개월이 더 걸리곤 했다.

앞의 (표 17-1)은 이러한 기업 분석과정을 일부 정리한 것이다. 기업의 경제활동은 그 기업이 영업을 하는 국가의 정치, 경제, 사회로부터 영향을 받는다. 요즘 기업은 물건만 잘 만들어서 팔면 되는 것이 아니라 기업 활동과 연관된 이슈들, 예를 들면 재무, 자금, 회계, 리스크, 법률, 환경, 세무 , 기술변화, 소비자 변화 등등 기업의 생존기간에 영향을 미칠 변수의 관리도 중요해졌다. 정말 제대로 기업분석을 해서 주식에 투자하려면 투자기업의 영업실적에 영향을 미치는 여러 가지 변수들에 대해 정확한 판단을 하고 이에 추가하여 과거 물건을 팔아 주었던 소비자들이 미래에 어떻게 변화할지에 대한 정확한 판단까지 할 수 있어야만 한다. 또한 기업 주가를 결정하는 것은 결국 현재 및 미래 이익창출 능력인데 기업의 수익은 기업 외부의 요소에 따라서도 큰 영향을 받게 되므로 세율, 회계정책 등과 같은 정책적 판단도 필요하다. 이 모든 것을 생업에 바쁜 우리들이 항상 잘 할 수 있다고 기대할 수 있을까? 아마도 요행으로 한두 번은 맞출 수도 있겠지만 10년 이상 연속적으로 족집게 박사처럼 계속 맞출 수는 없다. 이는 개개인의 능력 문제가 아니다.

주가를 예측하는 애널리스트들은 여러 가지 주가 분석 모델들을 이용하여 분석을 하지만 어느 분석 모델도 미래 주가를 완벽하게 예측하지는 못하며 그 중 널리 사용되는 몇 가지 평가 모델도 입력되는 값에 따라서 예측된 주가에 큰 차이를 보인다. 복잡해질수록 틀릴 가능성이 커지듯이 이렇게 복잡한 분석 모델에 따라 계산된 주가가 맞는 경우는 드물다. (표17-2) 예를 들면 기업분석과정에 최소한 10가지 기본적인 판단이 필요하다고 생각해 보자. 10개의 판단 사안 중 10개 각각을 맞출 가능성이 80%라고 하다면 10개 모두를 다 정확하게 맞출 가능성은 10% 수준이다. 하지만 각각10개의 판단 사안을 맞출 확률이 50%로 낮아지면 10개 모두를 다 맞출 가능성은 0.1%일 뿐이다.

그런데 이게 끝이 아니다. 주식 투자자들은 시장에 참여하는 다양한 투자자(기관, 개인, 외국인 등)들의 상황을 파악하여 묘한 심

가정(전제)		맞출 확률		가정(전제)		맞출 확률	
가정 내용	개수	개별확률	누계확률	가정 내용	개수	개별확률	누계확률
신흥시장?	1	**80%**	80.0%	신흥시장?	1	**50%**	50.0%
어느 국가?	2	80%	64.0%	어느 국가?	2	50%	25.0%
어떤 산업?	3	80%	51.2%	어떤 산업?	3	50%	12.5%
어떤 기업?	4	80%	41.0%	어떤 기업?	4	50%	6.3%
재무분석?	5	80%	32.8%	재무분석?	5	50%	3.1%
비재무분석?	6	80%	26.2%	비재무분석?	6	50%	1.6%
법률,제도?	7	80%	21.0%	법률,제도?	7	50%	0.8%
시장성숙도?	8	80%	16.8%	시장성숙도?	8	50%	0.4%
평가모델?	9	80%	13.4%	평가모델?	9	50%	0.2%
시장의평가?	10	80%	10.7%	시장의평가?	10	50%	0.1%

표 17-2 기업분석 점검표 (예시)

리전까지 펼쳐야 한다. 기관투자자들은 금융의 빅 데이터를 충분히 이해하고 장기적인 시각으로 막대한 자금력을 가지고 시장에 참여한다. 하지만 개인들은 빅 데이터에 대한 이해도 부족하다보니 일시적인 시장의 충격에 놀라고 기다릴 수 있는 여력도 자신감도 없어

조급한 마음에 단기적인 비합리적인 거래를 계속 반복하게 된다. 앞의 (표 9) '데이터 노후경영'에서 설명한 것처럼 개인 투자자와 기관 투자자, 또는 기관 투자자 상호간에도 이러한 심리전은 발생되며 그래서 투자심리학(Behavior Finance)라는 학문까지 등장한다.

미국 월스트리트 역사상 최고의 펀드매니저로 꼽히는 피터 린치, 그는 1977년부터 90년까지 마젤란 펀드를 운용해 2,700%의 수익을 올렸다. 그런데 1990년 은퇴한 후, 그가 마젤란 펀드에 가입한 고객의 수익률을 확인했더니 가입 고객의 절반 정도가 마이너스 수익률을 보였다 한다. 수익률이 좋고 시장 전망도 화려한 시점에 돈을 넣고 어두운 시점에 돈을 빼갔기 때문이었다. 주가가 비쌀 때 사서 쌀 때 파는 우를 범했기 때문이었다 한다. 왜 그럴까? 다음 설명을 보자.

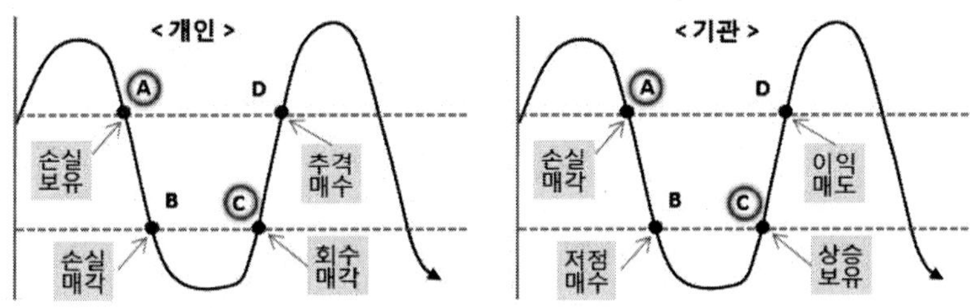

표 17-3 주가와 투자 심리

(표 17-3)은 일반적인 개인 투자자와 기관투자자의 투자 패턴을 정리한 것이다. 개인 투자자는 보유주식 가격이 A수준으로 떨어지면 좀 지나면 오를 것이란 가능성을 기대하며 기다리거나 추가 매입을 한다. 하지만 주가가 계속 하락하고 경기불황 소식을 계속 접

하게 되면 대부분 B점에서 손실을 확정지으면서 매각한다. 일부 개인 투자자의 경우 B점에서 매각하지 않고 견디지만 주가가 C수준으로 회복하면 그간 마음고생을 보상 받으려 듯 미련 없이 약간의 이익을 확정하고 매도한다. 이후 주가가 계속 오르면 아픈 기억 때문에 좀 참고 있다가 주가가 D수준까지 계속 상승하면 다시 추격 매수한다. 그리고 지금은 상황이 과거와는 다르다고 스스로 정당화하면서 다시 앞 A지점의 행동을 반복한다. 그러면 기관투자자는 어떨까? 기관투자자는 주가가 일정수준으로 떨어지는 A지점에서 매각하고서 기다리고 있다가 B~C구간에서 다시 매입한다. 그리고 주가가 일정수준 D점까지 상승하면 매각한다.

기관과 달리 개인들에게는 왜 이러한 현상이 발생될까? 가장 큰 이유는 기관투자자는 (표10-1 표27)에 정리한 빅 데이터를 알고 있으므로 개인과는 달리 시장의 본질적인 반복적 변화에 심리적 영향을 거의 받지 않는다. 사례(표17-4)를 들어 개인 투자자의 행동을 알아 보자. 심리학자 대니얼 카너먼(Daniel Kahneman)의 다음 사례는 행동경제학(Behavior Finance)에서 자주 인용되는 내용이다.

구분	A안		B안	
상황 1	200명	생존	모두생존	가능성(1/3)
	400명	사망	전부사망	가능성(2/3)
상황 2	400명	사망	모두생존	가능성(1/3)
	200명	생존	전부사망	가능성(2/3)

표 17-4 투자자 심리

"미국 방역 당국이 정글 모기가 퍼트리는 신종 전염병에 맞서고 있었는데 이 병을 방치하면 600명이 목숨을 잃게 될 것으로 예상되었다. 이에 당국은 두 가지 전략(A안과 B안, 표17-4 참조)을 마련하고서 여러분에게 상황을 약간 바뀌어 A, B안 중 하나를 선택하라는 질문했다"고 생각해 보자.

상황1) 여러분에게 「600명 중 200명이 생존할 수 있는 A안과 600명 모두 생존 가능성이 1/3 뿐인 B안 중 선택하라」 한 경우, 대부분은 모두 생존할 가능성보다는 200명이라도 생존하는 〈A안〉을 선택한다. 하지만, 상황2) 「600명 중 400명이 사망하는 A안과 600명 모두가 생존할 가능성이 1/3 인 B안 중 선택하라」 고 하면 대부분은 사망보다는 생존 가능성이 있는 〈B안〉을 선택한다. 달리 설명하면, 600명 중 200명은 생존하고 400명은 사망할 것으로 예상되는 상황이 모두 동일하지만 〈상황1〉에서는 생존 경우와 모두 생존 가능성을 비교했고 〈상황2〉에서는 사망과 모두 생존 가능성을 비교되도록 질문을 약간 변경했을 뿐이다. 그러나 동일한 상황이지만 우리들은 제시되는 질문에 따라 선택이 달라진다.

이를 (표17-4) 개인 투자자의 행동과 비교해 보자. 〈A점〉은 상황2에 해당된다. 주가가 하락하여 이미 일부 손실이 발생되었고 향후 경기전망도 좋지 않다 하지만 우리들은 다시 상승할 가능성에 대한 기대(모두 생존 가능성 1/3) 때문에 기관 투자자처럼 손절매하지 못하고 계속 보유하다가 결국 견디지 못하고 B점에서 매각한다. 이러한 현상을 투자심리학에서는 Loss Aversion(손실확정 회피현상)이라 한다. C점은 상황1에 해당된다. 주가가 상승하기 시작하고 경기

회복이 된다고 하지만 불황기간 동안의 뼈아픈 기억 때문에 약간의 손실만 회복되면 기다리지 못하고 처분한다(200명 생존 선택). 투자 심리학에서는 이를 Regret minimization(작은 수익이라도 확정하여 안심하려는 현상)이라 한다. 그리고 다시 얼마 후 A~B~C~D의 과정을 되풀이한다. 그리고는 노후준비 투자의 친구로 만들어야 할 시장을 원수처럼 원망하며 영원히 절교한다. 그러면 우리들에게 똑 같은 상황을 묘하게 바꾸어서 달리 질문하여 잦은 매매를 유도하는 사람들이 친구일까? 적일까?

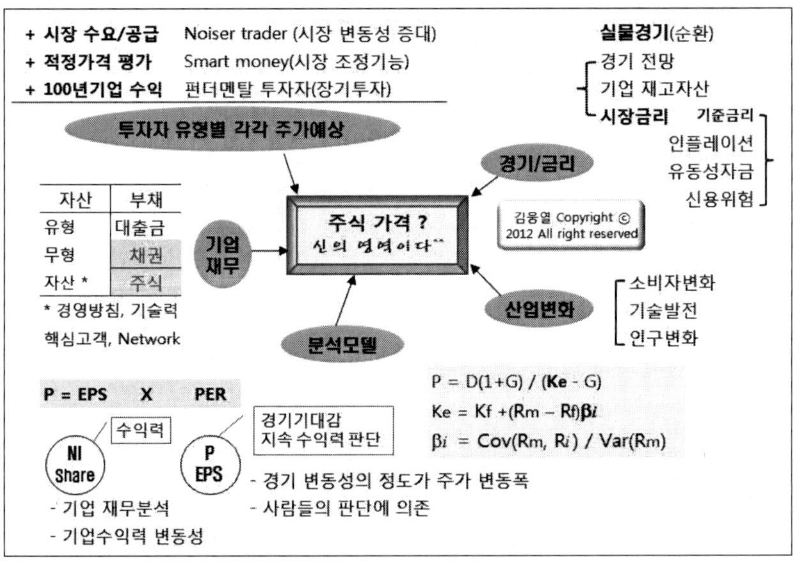

표 18 주가에 영향 주는 요인들

주가는 (표 18)과 같이 주요 5가지 부문(산업변화, 경기와 금리예측, 분석모델, 재무 분석, 시장참여 투자자 입장차이)이 상호 동시에 영향을 주고받아 결정되는데 과연 어느 누가 이를 정확하게 예측을 할 수 있을까? 오죽했으면 워런 버핏이 주가예측을 신의 영역이라고 했을까? 참조로 워런 버핏은 대표적인 장기투자자이다.

자, 이제 투자 수익률이 스윙하는 이유를 다시 정리해 보자. 채권 수익률이 스윙하는 것은 채권 만기까지 채권의 수익률을 결정하는 시장금리 변동 때문이다. 시장 금리는 통화정책기관(금융통화위원회), 자금시장(자금의 수요자인 기업과 공급자인 금융기관과의 수급관계) 그리고 경기전망 등이 감안되어 시장에서 결정되지만 이를 사전에 예측하기가 어렵다 보니 채권투자 위험(수익률 스윙현상)이 발생되는 것이다. 주식가격은 시장금리 스윙 요인에 더하여 수많은 주가결정 변수들이 투자자 한 명, 한 명 각자의 주관적 판단에 크게 영향을 받게 되는데 이를 예상하는 것이 마치 사람 마음속을 들여다보는 것처럼 어렵다 보니 주식가격(또는 투자 수익률)이 단기적으로 스윙하는 현상은 어찌 보면 당연한 것이다.

3) 지금 우량한 기업에 투자하면 안전할까?

정말 고민이다. 매년 2~3% 수준의 인플레이션을 감안하면 5% 남짓 채권투자 수익률만으로는 노후준비를 제대로 하기가 어렵다. 또한 지금 1~2%의 작은 수익률 차이가 먼 훗날 나의 노후연금을 반토막 나게 하니 조금이라도 수익률이 높은 투자자산을 찾아야만 한다. 시장 전체에 투자하는 인덱스펀드는 장기 투자수익률이 약

9%이므로 채권투자보다 거의 2배 수준이어서 정말 매력적인데 주식투자 위험은 어떻게 해야 할까? 방법이 없을까? 가끔 신문에는 주식투자로 100배 수익 올렸다는 기사도 보이고 서점에는 그냥 따라만 하면 주식투자의 고수로 만들어 준다는 책들도 많다. 하지만 주변에 주식투자로 가산 탕진한 분들 이야기도 종종 들리고 아마 여러분도 대부분 한두 번 주식 투자했다가 별 재미를 보지 못했을 것이다. 이유가 뭘까? 우리가 주식에 투자하려면 증권사에 주식투자 계좌를 개설하고 여러분이 좋아 보이는 기업의 주식을 선택해서 매입해야 한다. 하지만 복잡한 주가를 알 수 없는 우리들은 증권사 직원에게 어떤 기업이 좋은지 문의할 수밖에 없다. 그러면 대부분 우량주식을 추천할 것이다. 그런데 지금 우량한 기업이 20~30년 뒤 먼 훗날에도 계속 우량한 기업으로 남아 있을 수 있을까?

좋은 기업은 영원할까? 일본의 초 우량기업이었던 소니는 앞선 기술력을 자만하다가 지금은 삼성전자에 뒤쳐졌다. 시장은 이용자 편의 중심으로 빠르게 변화하고 있었으나 우수한 기술 자랑만 하면서 소비자에게는 불편한 제품 사용을 강요(?)하다가 결국 쇠락해 가고 있다. 요즘 급성장한 애플을 보면 예전의 소니와 비슷한 행동을 한다는 느낌이 든다. 과거와 달리 소비자는 스마트폰이 무엇인지 이제는 알고 있지만 애플은 여전히 소비자가 잘 모른다고 생각하고서 애플이 소비자를 계속 리드해야만 한다고 생각하는 것 같다. 모토로라는 통신부문의 지존이었다. 하지만 지금은 구글에 인수당하는 신세가 되었다. 코닥은 한 때 미국을 대표하는 기업 중 하나였고 디지털 카메라도 가장 먼저 개발했었으나 경영자의 판단

실수로 이를 외면하여 결국 지금은 부도 처리되었다. 반면 벼랑 끝에서 되살아난 기업도 있다. IBM은 당초 초대형 컴퓨터를 생산하는 회사였다. 하지만 초대형 컴퓨터가 중형 컴퓨터로 대체되고 중형 컴퓨터가 다시 소형 PC로 대체되면서 위기를 맞았다. 그러나 자신이 잘 할 수 있는 부분에 집중하는 적극적인 혁신을 통해 지금은 IT소프트웨어 및 컨설팅 회사로 거듭났다. 스타벅스도 한때 패스트푸드 회사(맥도널드, 던킨 등)의 커피 판매로 위기에 몰렸다가 임직원들이 기본으로 돌아가는 깊은 자기성찰의 과정을 통해 다시 일어났다. 핀란드 노키아는 불과 몇 년 전까지만 해도 세계 휴대전화 시장을 석권했었다. 하지만 지금은 전혀 예상치 못했던 애플과 삼성전자에 밀려나고 있다. 그리고 5년 전에 과연 누가 구글, 페이스북과 같은 신규기업의 탄생을 예상할 수 있었을까?

4) 미래 유망산업에 투자하면 최선일까?

(표 19-1, 19-2) 한국 주식시장의 10년 변천사를 보면 산업별로 주가 변동이 많았음을 알 수 있다. 전체 시장의 시가 총액은 10년 동안 4.1배 증가했으나 2000년대 초 황금알을 낳는 산업으로 주목받던 통신업은 시가 총액이 40.2조에서 25.1조로 감소되었고 전체 시장에서 차지하는 비중도 13.3% 하락했다. 금융업은 시가총액은 143조로 늘었지만 전체 시장만큼 성장하지 못해서 시가 비중은 오히려 6.7% 하락했다. 하지만 서비스, 운수장비, 화학업종은 시가도 100조 이상 증가되면서 전체 시장에서 차지하는 비중도 10.1%, 9.2%, 5.1% 씩 늘어났다. 이를 보면 개별기업 뿐만 아니라 특정 산

업도 지금은 유망해 보이지만 시간이 지나면서 운명이 많이 바뀐다
는 것을 알 수 있다.

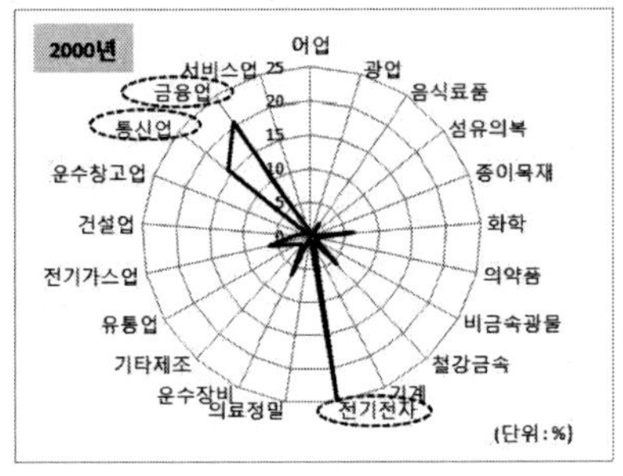

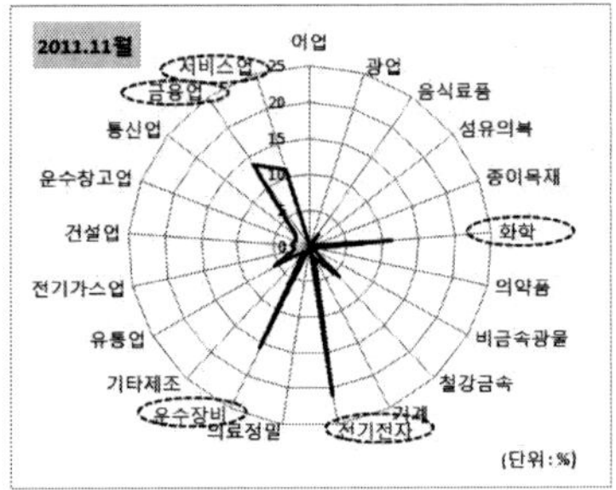

표 19-1 산업별 주식시장 시가 비중 변화

업종	2001년		2011.11월		시가 비중변동
	시가(조)	비중	시가(조)	비중	
어업	0.1	0.1%	1.1	0.1%	0.1%
광업	0.2	0.1%	0.0	0.0%	-0.1%
음식료품	6.0	2.3%	21.4	2.0%	-0.3%
섬유의복	1.2	0.5%	5.1	0.5%	0.0%
종이목재	0.9	0.3%	1.9	0.2%	-0.2%
화학	15.7	6.1%	118.1	11.3%	5.1%
의약품	2.3	0.9%	10.1	1.0%	0.0%
비금속광물	1.9	0.7%	3.0	0.3%	-0.4%
철강금속	14.4	5.6%	60.9	5.8%	0.2%
기계	2.6	1.0%	18.5	1.8%	0.7%
전기전자	63.8	24.9%	221.4	21.1%	-3.8%
의료정밀	0.9	0.4%	0.5	0.1%	-0.3%
운수장비	16.3	6.4%	163.8	15.6%	9.2%
기타제조	4.3	1.7%	11.5	1.1%	-0.6%
유통업	6.9	2.7%	58.2	5.5%	2.8%
전기가스업	16.0	6.2%	21.5	2.1%	-4.2%
건설업	5.8	2.3%	25.5	2.4%	0.2%
운수창고업	1.5	0.6%	21.8	2.1%	1.5%
통신업	40.2	15.7%	25.1	2.4%	-13.3%
금융업	52.3	20.4%	143.6	13.7%	-6.7%
서비스업	2.5	1.0%	116.3	11.1%	10.1%
합계	255.9	100	1,049.1	100	

전체시장 시가 총액이 4.1배 증가

표 19-2 한국 주식시장 업종별 시가비중 변화(자료 KRX)

구 분	산업화	서비스, 정보화	복합사회
소비자 행동	기본적인 편리성 추구	제품 효율성 선택	기호따라 제품요청
소비자 권한	**생활필수품(수동적 소비자)**	**능동적 참여자**	**적극적 요구자**
사회현상	도시화(인구 집중)	거대 도시화	Big City, Small but big World
산업변화	제조업(시장크기 중요)	서비스, IT정보	생명공학, 로봇, 에너지
제품개념	**편리성**	**효율성**	**소비자 만족**
사업 성공요인	**시장확보/대량생산/레버리지**	**차별화(제품/서비스)**	**소비자 맞춤 서비스**
변화요인	제조기술도입	기술발전(차별화요인)	정보공개(기술차별성미미)/창의력중요
시장의 개념	신규 시장크기	차별화 틈세시장	창의적 컨셉전환 시장창출
주요 산업 변화 사례	마차 → 자동차 운동력 → 화석에너지 모직물 → 화학섬유 항해(배) → 비행기 촛불 → 전기 물빨래 → 세탁기 가마솥 → 전기밥솥 레코드 판 → **워크멘(아날로그)** 라디오 → 영상 TV → 기본의료	벤츠 or 타타 자동차 → 열 효율성 → 기능성 의류 → 저가항공 → 스마트 그리드 → 기능성 세탁기 → 맞있는 밥 → **전자산업(디지탈)** → 스마트 TV → 신약/의료기술(치료기술) →	비행 자동차 재생, 자연, 태양에너지 카멜레온 의류 우주,항공/공간이동 무선전기/자력 1회성 의류 인공식량 **소프트웨어, SNS** 홀로그램 생명공학, 바이오(장기대체)
금융	개인금융	금융,물류,여가산업 등장 기업/개인금융 균형	신규 에너지, 복합금융, JIT 서비스?
주요 국가	BRICs	한국, 대만 / 일본	미국, 독일 (영국, 프랑스)

표 20 산업의 변화 과정

유수의 대기업에는 뛰어난 인재도 많고 기존 고객도 많은데 왜 망하는 것일까? (표 20)산업의 변화를 살펴보면 답을 찾을 수 있다. 원시시대에 불은 우리에게 따뜻함을 주었다. 그리고 곧 음식을 익혀먹는 데 사용되었고, 이후 총과 대포 등 전쟁 도구로 쓰였으며 지금은 전기를 만드는 에너지원으로 사용되고 있다. 과거 산업의 변화를 보면 1차 산업(농업)에서 산업혁명 후 2차 산업(제조업)의 시대, 그리고 3차 산업(서비스 산업) 시대로 변화되었다가 지금은 IT 정보화 산업 시대가 되었다. 미래에는 유전공학(Genetic) 나노기술 (Nano-technology) 그리고 바이오테크놀로지(Biotechnology)를 주요 핵심 산업으로 예상하고 있고 영화 속에서 본 우주산업시대도 그리 멀지 않았다.

그런데 산업의 변화에서 우리가 주목할 부분은 변화의 속도이다. 인류역사 2천년 중 18세기 중반까지는 농업 시대였다. 이후 산업의 변화는 매우 빠르게 진행되었는데, 제조업 전성기는 약 150년(1990년대까지) 서비스 산업은 약 30년(1970~2000년), 그리고 지금의 IT 정보화 산업은 약 10년(2000년 이후~현재) 남짓 밖에 되지 않았다. 축적된 과학기술이 IT정보통신을 타고서 많은 사람들에게 지식이 공유되어 새로운 기술로 다시 발전하는 속도가 매년 제곱의 속도(1, 2, 4, 8, 16, 32, 64, 128…)로 가속화 되고 있다. 오죽 했으면 기업하시는 분들이 "지금은 졸면 죽는다!"라는 말을 했을까? 불이 인류에게 시대별로 각각 다른 역할로 영향을 미친것과 같이 지금은 특정 기술이 네트워크를 타고서 마치 레고 블록 조각처럼 서로 다른 다양한 산업에 사용된다. 따라서 미래에는 어떤 기술이 어느 산업에 어떻게 영향을 미칠지, 어느 기업이 최후의 승자로 생존할 수 있을지 아무도 알 수 없다. 기업은 늘 총성 없는 전장에서 생존을 위한 전투를 치르고 있다. 상대 기업의 불행은 경쟁기업에게는 기회가 된다. 언제, 누가, 누구에 의해서 시장에서 사라질지 모른다. 그리고 개별 기업에 대한 주식투자는 마치 총알이 빗발치는 전장에서 최후의 생존 병사를 알아맞히는 개임과 같다. 전장에서는 모든 병사가 전사 할 수 있듯이 모든 기업은 망할 수 있다.

지금 아무리 좋은 기업도 기업 내부문제 또는 외부 변화된 환경에 미처 적응하지 못해 망할 수 있으며 그 자리에는 항상 새로운 기업이 다시 탄생된다. 또한 이러한 현상이 언제 어느 기업에 발생될지에 대한 투자자의 판단은 다를 수밖에 없으므로 기업의 주가가 오르내리는 것도 당연하다. 따라서 지금 좋아 보이는 기업이 50~60년이나 되는 나의 긴 투자기간(은퇴 전 20~30년, 은퇴 후 최소 30년) 동안 계속 생존하면서 영원한 승자로 남아 있기를 기대한다면, 그리고 나만(또는 펀드매니저) 항상 좋은 기업을 골라서 잘 투자할 수 있다고 생각한다면 그것은 투자가 아니라 도박이 되는 것이다.

그럼 미래 산업의 변화에 잘 적응하는 불사조 같은 기업에 투자하여 채권보다 높은 주식투자 수익을 올리는 방법은 없는 것일까? 실망하기에는 아직 이르다. 방법은 있다. 누구도 어느 기업이 미래 시장을 선도할지 알 수는 없다. 하지만 개별 기업은 망할 수도 있으나 모든 기업이 다 망할 수는 없다. 답은 선택적으로 개별기업에 투자를 하는 것이 아니라 모든 기업에 투자를 하는 것, 즉 전체 시장 주식에 투자하는 인덱스펀드이다.

CHAPTER 4

최선의 선택

　시장은 영원한 불사조와 같다. 시장은 모든 기업의 수익을 대변한다. 여기서 잠깐! 주식 투자를 조금해 보신 분은 두 가지 질문을 하실 것이다. 첫째, 시장전체에 투자를 해도 매월, 매년 시장지수가 오르내리는데 개별기업에 투자한 것과 뭐가 다른가? 둘째, 시장 전체 말고 유능한 전문가가 좋은 기업을 잘 골라서 투자해 주면 시장 전체보다 수익률이 앞설 수 있지 않을까? 좋은 질문이다. 하지만 이 부분의 오해를 잘 풀어야만 성공적인 노후준비를 할 수 있다.

　첫째 의문부터 살펴보자. 개별주식 투자와 시장전체 투자의 공통점은 매년 가격이 오르내리는 것이지만 차이점은 개별기업에 투자하면 항상 부도위험이 있지만 시장 전체에 투자하면 부도위험이 없다. 여기서 부도위험이 없다는 것은 매우 중요한데 이는 마치 30년짜리 정부채권에 투자했을 때 국가가 30년 뒤에 원금과 이자 지급을 보장하는 것과 같이 전체 시장에 30년간 투자했을 때에 도 불사조와 같은 시장은 항상 존재하기 때문에 정부채권 투자처럼 원금과 이자가 지급된다는 의미가 된다. 30년 만기 정부채권투자나 전체 시장에 30년 투자했을 때나 부도위험 없이 원금과 이자가 지급된다면 이제 남은 것은 둘 중 어느 것이 수익률이 더 높은가이다. 장기간 금융역사(특히 우리나라가 곧 따라가게 될 경제 선진국 사례)를 보면 전체 시장의 투자 수익률은 채권투자 수익률보다 항상 2배 이상 높았다. 그리고 이 정도의 수익률 이면 나의 노후 준비는 충분하다(앞서 제공한 연금계산기로 직접 계산해 보세요).

둘째, 과연 유능한 전문가가 운영하는 특정펀드에 가입한다면 시장 전체보다 수익률이 좋을까? 세계적으로 매년 1,000개의 새로운 헤지펀드가 만들어지고 매년 500개가 사라진다고 한다【중앙일보 2011.10.25기사 / 헤지펀드는 사모펀드의 한 종류이며 주로 거액의 투자자금을 받아 단기간에 큰 수익이 예상되는 모든 분야 - 특정기업 주식 매도 매수, 기업인수, 에너지개발, 파생상품, 원자재 등 - 에 투자한다. 조지 소르소와 같은 사람이 운영하는 펀드가 대표적인 사례이다】. 여기서 주목할 부분은 매년 펀드의 절반이나 정리된다는 것이다. 이는 여러분이 지금 신규 헤지펀드를 가입하면 5년이 지나면 100개 중 3개(3.13%)만 생존해 있다는 의미가 된다. 여러분이 가입한 헤지펀드가 5년 후까지 생존하는 3개에 해당될 가능성은 얼마나 될까? 설사 여러분이 펀드를 잘 골라서 5년 동안 살아남아서 좋은 실적을 올렸다고 해도 이후 10년까지 계속해서 시장보다 우수한 실적을 올릴 가능성은 0.10%, 즉 새로 만들어진 1000개 헤지펀드 중 1개일 뿐이다.

구 분	펀드 개수		평균수익률	
	뮤츄얼 펀드	임의선정 주식합계	뮤츄얼 펀드	임의선정 주식합계
위험낮음	43	62	10.20%	12.80%
위험중간	25	51	11.80%	14.20%
위험높음	18	50	13.80%	16.20%

Modern Portfolio Theory and Investment Analysis
- Elton, Gruber, Brown, and Goetzman:

표 21-1 전문펀드 실적과 시장수익률 비교 (비교기간 : 1960년~1968년)

다른 사례를 보자. (표 21-1)에서는 투자 전문가가 운영하는 뮤추얼펀드(사모펀드와 달리 개인들이 적은 금액으로 투자할 수 있는 펀드이며 미국의 경우 증권 감독국의 감독을 받는다)의 투자실적과 무작위로 시장에 있는 아무 기업들의 주식을 골라 구성된 펀드(Random portfolio)의 수익률을 비교한 것이다. 8년 동안 총 86개의 뮤추얼펀드 실적과 무작위로 선정하여 구성된 163개 펀드 실적을 비교해 보았는데 무작위로 선정된 펀드 수익률이 더 높게 나타났다 한다. 무려 8년간이란 긴 시간동안 두 펀드의 실적을 비교했는데 결론은 전체 시장에 투자하는 무작위 펀드의 승리였다. 매년 수수료를 받으면서 전문가가 관리해 주는 전문 펀드의 수익률이 별다른 노력 없이 전체 시장에 투자하는 무작위 펀드의 실적보다 좋을 게 없었다. 여기서 잠깐! 무작위 펀드실적이 좋았다고 해서 여러분이 직접 무작위로 선정한 여러 개 주식에 투자하면 되는 것으로 오해하면 안 된다. 비교사례의 무작위펀드는 전체 시장의 수익을 대표하는 인덱스펀드로 이해하셔야 한다.

유사한 사례를 보자. 블룸버그 인터뷰(2010년 2월)에 따르면 미국 일리노이 주 연기금 펀드가 900억 달러(약 100조 원) 규모의 펀드운영을 전체 시장에 투자하는 인덱스펀드로 전환했다고 한다. 연기금 펀드는 대표적인 장기 기관투자자인데 장기적으로 보면 투자 전문가가 운영하는 펀드가 전체 시장 실적보다 우수한 경우가 거의 없었고 오히려 투자전문가에게 지급하는 수수료를 모두 감안하면 전체 시장 평균인 인덱스펀드의 실적이 전문펀드의 실적보다 우수했기 때문이었다고 한다.

인간과 동물의 투자 게임?

이번에는 단기간 투자실적 사례를 알아보자. 2009년 7월에 SBS 방송에서 흥미 있는 뉴스가 방영되었다. 앵무새와 인간이 주식투자 대결을 하였는데 앵무새 수익률이 2.4%이었고, 전문 투자자 10명 평균 수익률은 2.2%였다고 한다. 2001년 영국과학진흥협회 주관 하에 4살배기 여자 아이와 점성술사, 그리고 투자 전문가가 대결을 벌였는데, 우승은 어이없게도 4살짜리 여자 아이였다고 한다. 월스트리트저널이 2000년 7월부터 2001년 5월까지 주최한 투자 게임에서도 비슷한 결과가 나왔는데, 원숭이와 사람의 대결에서 원숭이가 −2.7% 수익률을 거뒀고, 전문 펀드매니저가 −13.4%, 아마추어 투자자 −28.6%를 기록했다고 한다. 역시 원숭이의 승리였다.

2) 왜 스타펀드 수익률이 장기적으로 전체 시장보다도 낮았을까?

여러 가지 설명이 있을 수 있지만 대부분 원인은 펀드운용 수수료 비용지급 때문이다. 투자 전문가들이 운영하는 펀드는 우선 각 산업을 대표하는 기업의 주식 매입하여 시장을 똑 같이 복사(표-35)한다. 그리고서 주가 상승이 예상되는 몇몇 기업의 주식을 추가 매입하여 시장보다 약간 더 높은 수익(이를 '알파'라고 한다)을 달성하려 노력한다. 즉 특정 기업의 가치를 분석하여 계산된 예상주가와 시장에서 거래중인 가격을 비교해서 시장거래 가격이 예상주가보다 비싸면 팔고 싸면 사는 방식으로 투자 수익률을 올린다. 기업 분석에 많은 노력이 필요하므로 펀드수수료가 높을 수밖에 없다.

반면 전체시장 인덱스펀드는 스타펀드와 달리 기업분석과정이 없이 시장지수를 대표하는 주요기업들의 주식을 매입하여 펀드를 구성하므로 전체 시장의 수익률을 따라간다. 따라서 관리비용이 저렴하다. 문제는 장기적으로 살펴보면 스타펀드나 인덱스펀드나 투자 수익률은 별반차이 없으나 스타펀드의 경우 연 1.5~2% 수준의 수수료와 비용을 공제하고 나면 인덱스 펀드실적 보다 대부분 낮아진다는 것이다. 그리고 이러한 수수료 지급비용이 장기간 누적되면 우리들의 노후연금이 반 토막 나게 하는 것이다.

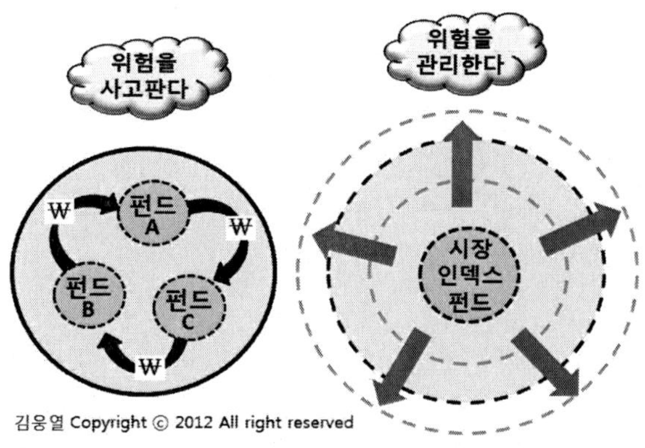

표 21-2

어떻게 보면 인덱스펀드나 스타펀드(표 21-2 A, B, C)나 모두 시장에 있는 주식의 일부를 사는 것이고 시장에 있는 주식의 일부를 샀으므로 장기적으로 모두 시장 수준의 평균 수익률이 기대되는 것이 당연할 수도 있다. 시장이 나만 항상 1등 하는 것을 허락하지 않기 때문이다. 그래서 수익률은 높고 비용은 매우 낮은 전체 시장에 투자하는 인덱스펀드에 투자하라는 것이다. 참조로 인터넷뱅킹을 이용하여 가입 시 수수료가 더 저렴하다. 장기적으로 주식투자 수익률이 시장평균으로 돌아가는 현상을 Mean Return 현상이라고 한다.

단기적으로는 앵무새보다도 투자 전문가들의 수익률이 앞서지 못한 것은 그만큼 투자가 어렵다는 반증으로 이해하시고 내가 자만과 과욕을 부리며 섣불리 경거망동하다가는 패가망신 한다는 교훈으로 알면 되겠다. 정리하면, 전체 시장에 장기간 투자하면 1) 정부채권에 투자하는 것처럼 안전하지만 수익률은 오히려 2배 이상으로 높고 2) 전체 시장에 투자하지 않는 스타펀드들보다도 비용이 적게들어 장기적으로 수익률이 높고 3) 개별 주식에 투자했다가 노후 인생을 한 순간에 날려버리는 위험으로부터 자유로울 수 있게 된다. 명심하자. 매월 20만 원씩 30년간 전체 시장에 투자하면 60세에 3.6억 원이 된다.

2 불사조 시장의 힘

1) 장기투자 시 수익률과 위험의 관계

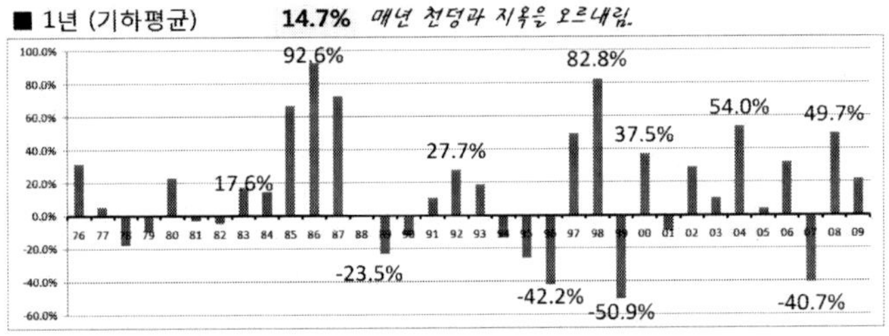

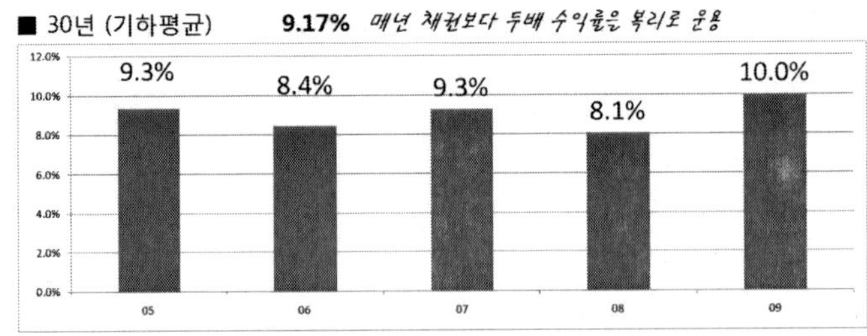

표 22-1 투자 기간에 따른 코스피지수 수익률 변동현황

이제 전체 시장에 장기간 투자하는 것이 일부 우량기업이나 특정 산업군에만 투자하는 것보다 유리하다는 것을 이해하셨을 것이다. 그런데 전체 시장의 위험도, 즉 전체 시장이 오르내리는 스윙의 현상은 어떠했을까?

(표 22-1) 그래프는 한국의 코스피지수 전체 구간 동안의 전년대비 수익률 스윙현상을 정리한 것이다. 그래프를 보면 전년대비 50%까지 폭락하기도 했고 무려 92%까지 폭등한 적도 있다. 그리고 정도의 차이가 있을 뿐이지 항상 지수가 오르내림이 심한 것을 볼 수 있다. 이를 보면 만약 여러분이 1년 단위로 주가가 하락할 때는 팔고 상승할 때는 다시 사는 방식으로 투자하려고 한다면 로또복권에 당첨되는 행운이 없이는 절대 불가능하다는 것을 알 수 있다. 이번에는 30년 동안 장기 투자한 경우를 살펴보자. 1975년을 기준하여 30년간 투자 시 30년이 되는 시점은 2006년, 2007년, 2008년, 2009년, 2010년에 다섯 번이다. 결과를 보면 다섯 번 모두 30년 동안 매년 8.1% ~ 10% 수준의 높은 복리수익이 달성된 것을 볼 수 있다. 참조로 2008년도 미국 금융위기로 전년도 대비 무려 40%나 폭락하는 바람에 30년 투자 수익률이 매년 9.3%에서 8.1%로 내려갔었으나 다음해 2009년도 시장이 다시 회복하여 매년 평균수익률이 10%로 올라온 것을 볼 수 있다. 이러한 채권보다 2배나 높은 매년 전체 시장의 평균수익률이 장기간 복리로 운영되어 투자원금의 17.5배[(1+10%)^30년]까지 증가되는 것이다. 이것이 장기투자의 힘이다. (표 22-2)는 15년간 180개월 동안 코스피지수의 전월대비 상

승·하락률을 정리한 것이다. 과연 누가 180개월 중 다음 달에 지수가 올라갈지 내려갈지 알 수 있을까?

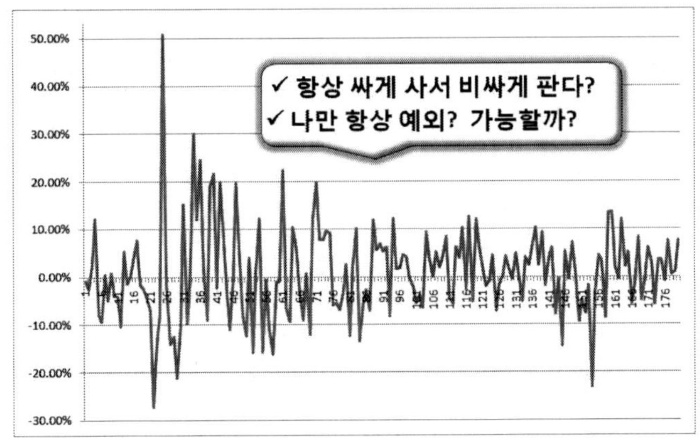

표 22-2 코스피지수 전월 대비 대비 수익률 변동현상(1996-2010)

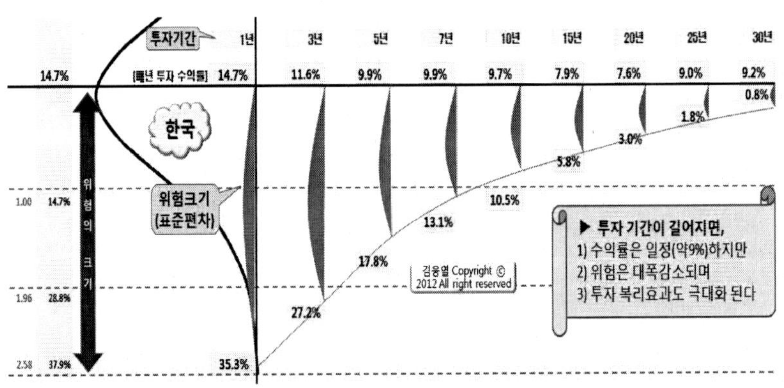

표 23 투자기간에 따른 코스피지수 위험도 감소 현상

한국 코스피지수(표 23)의 전체기간(1975~2010년) 동안 투자 기간별로 평균 수익률과 위험도(시장위험, 표준편차의 크기)를 측정해 보면 투자기간이 장기로 갈수록 연 평균 수익률의 크기는 큰 변화가 없지만 투자 위험을 나타내는 표준편차 값은 대폭 감소되는 것을 명확하게 볼 수 있다. 앞서 미국 정부 장기채권 투자 시 수익률이 연 5.2%였고 위험도가 9.2% 수준이었다(표13-1). 하지만 코스피 지수에 10년 이상 투자했을 때는 수익률은 연 9.7%로 미국 정부채권금리 대비 2배 수준이나 위험도는 10.5%로 거의 동일하다. 그리고 10년 이상 시장에 장기투자 하면 시장투자 수익률은 9%대로 계속 유지되면서 복리의 힘으로 수익이 급증되지만 반대로 수익률 변동 위험은 대폭 감소되어 거의 사리지게 된 것을 확인할 수 있다. (표 23)의 우측 상단부분을 보면 위험도를 나타내는 표준편차 크기가 1년 투자 시 35.3%에서 30년 투자하였을 때는 0.8%로 축소되었다.

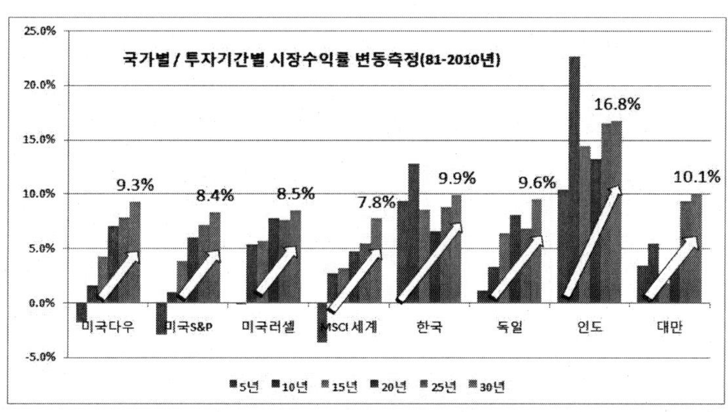

■ 시장 수익률 (2010년 기준으로, 5년씩 차감하여 계산/GM)

보유기간	미국다우	미국S&P	미국러셀	MSCI 세계	한국	독일	인도	대만
5년	-1.8%	-3.0%	-0.1%	-3.6%	9.4%	1.2%	10.4%	3.5%
10년	1.6%	1.0%	5.4%	2.7%	12.8%	3.3%	22.7%	5.5%
15년	4.3%	3.9%	5.7%	3.2%	8.5%	6.4%	14.5%	1.9%
20년	7.1%	6.0%	7.7%	4.7%	6.6%	8.1%	13.3%	3.6%
25년	7.8%	7.1%	7.6%	5.5%	8.8%	6.8%	16.5%	9.4%
30년	9.3%	8.4%	8.5%	7.8%	9.9%	9.6%	16.8%	10.1%

표 24 글로벌 국가 사례

2) 글로벌 국가 사례들

장기 투자 시 평균 수익률 증가와 위험감소 현상은 한국만의 이야기일까? 다음의 표와 그래프를 보자. (표 24)은 국가별 전체 시장 지수를 1980년부터 2010년까지 매 5년 단위로 투자기간을 늘려 가면서 투자 기간별 수익률을 계산한 값이다. 표를 보면 10년 미만 투자기간 동안에는 수익률이 -3% 손실구간부터 22.7% 이익 구간까지 다양하게 나타난다. 하지만 10년을 지나면서 수익률 손실은 없게 되고, 20년이 지나면 3.6%~13% 구간으로 모아지고, 25년이 되면 5.5%~16% 구간, 그리고 30년이 되면 매년 수익률은 7.8%~16% 사이에 모두 놓이게 된다. 여기에서 우리들이 주목할 점은 전체 시장 지수에 대한 투자기간이 길어지면서 수익률은 꾸준하게 증가 된다는 점이며 이러한 현상이 단지 한국만이 아니라 전 세계 모든 시장의 지수를 모아놓은 MSCI 지수도 똑같은 특징을 보여준다는 것이다.

3) 전체 시장지수는 왜 장기적으로 계속 성장할까?

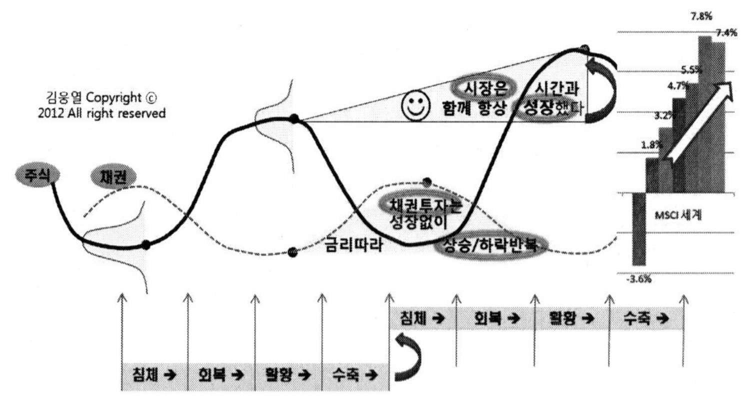

표 25 전체 시장은 항상 성장한다

답은 의외로 간단하다. 정도의 차이는 있지만 국가경제(GDP)는 매년 성장하고, 소비자는 아직 시작도 하지 않는 미래의 새로운 혁신적인 상품과 서비스에 지갑을 열어 소비할 준비가 되어 있기 때문이다. 그리고 모든 나라의 정부와 시장은 경제성장을 위해 필요한 지원을 아끼지 않는다.

어느 나라나 실물경기에 따라 높고 낮음이 있을 뿐이지 매년 물가상승(인플레이션)은 항상 존재한다. 물가가 오르내리면 시장금리가 따라서 오르내리게 되고 시장금리에 따라서 가격이 변동되는 채권 투자자는 수익률 변동위험(시장위험)을 피할 수 없게 된다. 하지만 주식투자는 조금 다르다. 물가가 상승되더라도 기업은 판매하는 상품(서비스)의 가격을 올려서 물가상승 부분을 소비자에게 이전시킨다(가격인상을 하면 소비자가 구입을 하지 않는 경쟁력이 약한 제품은 물가 상승분을 소비자에게 이전시키지 못한다. 이러한 기업은 장기적으로 원재료 구입비용 증가에 따른 재무구조가 악화되어 결국 부도가 발생되고 시장에서 사라지게 된다. 전체 시장에 투자를 한다면 시장이 알아서 경쟁력이 약한 기업을 퇴출시키므로 손해가 없지만 경쟁력이 약한 개별기업에 투자한 투자자는 전액 손실을 보게 된다).

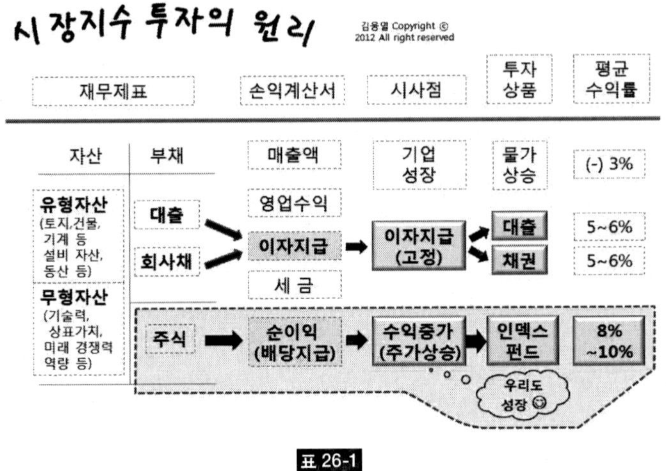

표 26-1

또한 경우에 따라서는 추가 이익이 발생되기도 한다. 그리고 이러한 추가 이익은 고스란히 주주의 이익으로 연결되어 주가상승으로 나타난다. 설사 증가된 이익금이 주주에게 배당 지급되지 않는다 하라도 주가는 이를 모두 반영하여 상승한다. 따라서 전체 시장에 장기적으로 투자를 할 경우 경기 변동에 상관없이 구조적으로 최소한 물가 상승률 이상으로 전체 시장의 주가는 오를 수밖에 없다. 하지만 채권투자자는 물가(인플레이션)상승으로 시장금리가 올라도 이자를 더 받을수 없고 오히려 채권가격이 하락하여 손해를 보게 된다.

경제는 항상 호황과 불황 사이클을 반복한다. 불경기가 되면 중앙은행은 기업의 투자를 촉진하여 경제를 활성화시키기 위해서 낮은 금리를 유지하는 정책을 사용한다. 2008년 금융위기 이후 침체된 미국경기를 반전시키기 위해 미국의 연방은행(중앙은행)이 2015년까지 실질 기준금리를 제로금리로 유지하겠다고 발표한 것이 대표적인 사례이다. 때로는 중앙은행이 직접 시장에 돈을 공급하여 경기를 활성화하려는 정책을 사용하기도 하는데 최근 미국의 제3차 달러 양적확대 정책과 유럽 중앙은행이 유로국가들이 발행한 국채를 무제한 사들여서 시장에 돈을 공급하려는 사례가 이에 해당된다. 이렇게 되면 시장에 돈이 넘쳐나게 되고 기업은 넘쳐 나는 돈을 싸게 빌려서 투자를 확대하게 되어 침체된 경기가 되살아나게 되는 것이다(여담이지만 미국의 달러양적확대 정책은 다른 나라들에게는 별로 좋은 소식은 아닐 수도 있다. 중국의 경우에는 글로벌 교역 무역흑자로 막대한 달러를 보유(약 2조 달러)중이지만 미국이 달러를 도장 찍듯이 찍어내면 중국이 열심히 일해서 벌어들인 달러의 가치가 떨어져 실질적으로 보유달러가 줄어들기 때문이다. 중국이 2009년부터 적극적으로 추진 중인 위안화 국제화는 이와 무관하지 않다).

문제는 돈이 넘쳐나면 물가상승이 자연스레 따라오게 되는데 물가상승에 의한 기업이익의 증가는 주식투자자에게 돌아오지만 채권투자자에게는 돌아오는 게 없다.

경제는 국민의 생활과 직접적으로 연계되어 있으므로 국가는 경기 회복을 위한 가능한 모든 조치를 취하지 않을 수 없고 더욱이 지금은 세계 경제가 상호 밀접하게 연계되어 있다 보니 각 국가들이 상호 공조하여 경제 활성화 정책을 추진하고 있다. 결국 이러한 현상들을 종합하면 매월 일정액을 전체기업의 영업실적을 나타내는 시장지수 인덱스펀드에 투자하면 시간이 좀 걸릴 뿐이지 결국 지속적으로 수익률이 복리로 증가되어 최후의 승리자가 되는 것이다.

■ 미국 다우지수 전년대비 급등락 사례

연도	지수	폭락		연도	지수	폭등
1914	54.6	-30.7%	→	1915	99.2	81.7%
1920	72.0	-32.8%	→	1921	80.8	12.2%
				1928	300	49.5%
1930	164.6	-33.8%				
1931	77.9	-52.7%	→	1933	99.9	66.8%
1937	120.9	-32.8%	→	1938	154.8	28.0%
1974	616.2	-27.6%	→	1975	852.4	38.3%
2008	8,776	-33.8%	→	2009	1042.8	18.0%

■ 미국 금융시장 수익률 현황 (70년사 / 1926-1995)

구분	기하평균
물가상승 감안후 (대형주 수익률)	7.20%
물가상승 감안후 (소형주 수익률)	9.10%
물가상승 감안후 (장기 기업채권)	2.50%
물가상승 감안후 (장기 정부채권)	2.00%
물가상승 감안후 (중기 정부채권)	2.10%
물가상승 감안후 (단기 정부채권)	0.60%

Modern Portfolio Theory and Investment Analysis
- Elton, Gruber, Brown, and Goetzman:

표 26-2 〈 미국 시장 100년… 항상 위기를 극복했다 〉

(표 26-2)은 미국 다우지수의 100년 역사 동안 불황과 호황에 따른 전년 대비 다우지수의 폭락과 폭등현상을 정리한 표이다. 주목할 부분은 아무리 혹독한 불황이 닥쳐서 주가가 폭락하더라도 대부분 수 년 내 다시 주가가 폭등하여 회복된 것을 볼 수 있다. 1986~2010년까지 한국과 미국의 전체 시장 지수 상승률을 정리한 자료(부록4)도 같은 결과를 보여준다. 결국 전체 시장 투자자는 호황 때는 주가가 올라서 좋고 불황이라 하더라도 조금만 기다리면 경기활성화 정책의 최대 수혜자가 되어 주가상승의 수혜자가 된다. 그래서 장기간 전체 시장 투자자는 시간이 지남에 따라 자동으로 투자수익률이 복리로 상승되는 이점을 누리는 것이다. (표 25, 26, 27)은 이러한 현상을 정리한 것이다(단, 개별기업 주식에 투자자는 기업의 부도위험을 부담하므로 해당되지 않음).

4) 불사조 시장의 비밀 → 한국의 전체 시장지수는 꾸준히 성장했다

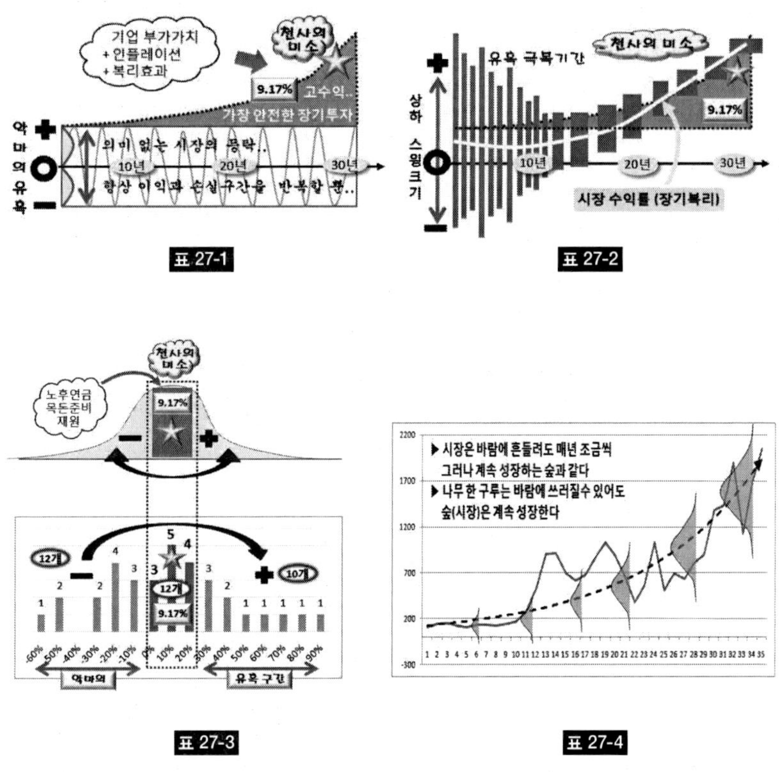

표 27 한국 코스피 35년 역사

한국의 전체 시장 모습도 미국의 사례처럼 모든 경제 난국을 꿋꿋이 극복하며 성장하는 모습을 보여준다. 그리고 이러한 모습은 금융시장이 어느 정도 발달한 대부분 나라에서 유사하게 나타난다.

(표 27-1) 시장은 항상 오르내리지만 장기간 보면 1/3 하락과 1/3 상승은 서로 상쇄되어 의미가 없고, 나머지 1/3 이 (천사의 미소?

별표부문) 장기 누적 복리로 증가하여 나의 목돈을 만든다.

(표 27-2) 전체 시장 투자의 수익률은 10년 이내에서는 등락이 크지만 10년이 지나면서 채권보다 2배 수준의 높은 평균수익률은 등락폭(표준편차)이 현저하게 줄어들어 안정화된다.

(표 27-3) 내가 만용을 부리거나 로또 행운만을 기대하면서 나만 항상 싸게 사서 비싸게 팔 수 있겠다는 생각은 악마의 유혹(?)일 뿐이다. 진정한 수익은 기업의 부가가치 증가(별표부분)에서 나온다.

(표 27-4) 시장은 이유가 어떠하든 항상 시간과 함께 성장할 수밖에 없다. 미래 시장은 누적된 기술이 IT 정보통신을 타고 전 산업으로 공유되어 더욱 성장할 것이다. 매월 적립식 인덱스펀드를 이용한 노후준비는 그래프의 점선과 같이 꾸준하게 그리고 안전하며 높은 수익률로 내게 목돈을 선사한다.

다음의 (표 28)로 총 정리해 보자. 한국처럼 한국처럼 일정수준까지 금융시장이 성장된 국가에 있는 기업들이 타인 자본인 은행 차입금이나 회사채(채권) 발행 시 지급하는 평균 지급이자율은 연 5~6% 수준이다(표 10-1, 10-2 참조) 하지만 자기 자본인 주주에 돌아가는 매년 평균 수익률은 타인자본의 2배 수준인 9~10% 수준이다. 기업은 시장상황에 따라서 타인자본과 자기자본의 비율을 적절하게 배합하여 전체 자금조달 비용을 관리한다(재무 학에서는 이를 WACC, Weighted Average Cost of Capital이라 한다) 그리고 자본주의가 사라지지 않는 한 타인 자본 보다는 자기자본 투자 수익률이 항상 더 크다.

【가계↔금융↔기업】

표 28 금융과 실물경제

(표 28)의 시사점은 두 가지이다. 첫째, 자금을 공급하는 우리 개인이나 자금을 사용하는 기업이나 중요한 공통점은 개인들의 투자 목적(노후생활)이나 기업의 자금사용의 목적(100년 영구기업)이 모두 본질적으로 장기간이라는 것이다. 다만, 개인과 기업 모두가 본질적인 장기 목적을 무시한 채 여러 가지 이유로 단기적인 작은 시각으로만 시장을 바라보면서부터 문제가 복잡하게 된다. 둘째, 개인은 위험은 낮지만 수익률은 높은 투자를 요구하고 기업은 사업추진 위험이 높지만 낮은 이자율 지급을 기대한다. 양 당사자가 본질적으로 상호 모순되는 요구를 하지만 금융기관은 중간에서 적절하게 양쪽의 기대치가 맞도록 짝을 찾아 연결한다. 양쪽 모두 돈이 연관된 일이다 보니 효율적이고 투명한 돈의 흐름을 만들기 위해 까다

로운 절차와 확인이 필요하고 그래서 재무, 자금, 회계, 법률, 파생금융 등의 부가적인 업무가 추가되는 것이다.

금융기관의 역할은 돈을 공급하는 개인들의 투자목적과 투자성향을 맞출 수 있도록 무수한 기업들이 다양한 형태(대출, 채권, 주식, 파생상품, 유동화 등)로 요구하는 자금수요 조건(수익률과 위험)을 연결해 주는 것이다. 투자의 목적이 장기 노후준비인 우리들이 은퇴 전에는 나의 시간의 크기와 나의 위험 감내 크기를 맞춘 다음, 필요한 목돈을 만들 수 있는 가장 적절한 방안을 찾아야 하는 이유인 것이다.

3 나의 인생 재무설계

1) 나의 능력은 생각보다 크다 → 시간의 힘

결국 은퇴 전 노후준비 투자의 핵심은 내가 가지고 있는 시간의 크기에 달려있다. 나의 투자목적을 달성하는 시점까지의 시간의 크기와 내가 선택하는 투자자산 유형 별로 기대되는 수익률이 달성되면서 위험이 최소화되는 시간의 크기를 일치시켜야 한다.

앞서 투자의 위험을 수익률의 스윙현상이라고 했다. 그리고 장기 투자를 하다보면 짧은 기간 동안에 극단적인 큰 스윙이 발생되는 시기도 있는데 이를 블랙스완(Black swan) 현상이라고 한다. 블랙스완은 호주에 있는 검은색 백조인데, 영국인이 백조는 당연히 흰색인 것으로 알고 있었으나 어느 날 호주에 도착해서 검은색 백조를 보고 너무나 깜짝 놀랐다고 해서 이를 블랙스완 현상이라고 한다. 즉 원래부터 있었지만 내가 모르고 있다가 나중에 갑자기 알고 나서 깜짝 놀라는 현상이다.

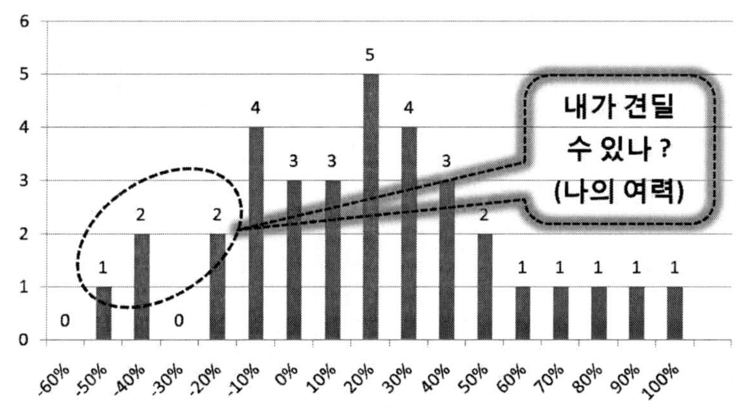

표 29-1 한국코스피지수 년간 변동

막대그래프는 한국 코스피지수의 전년대비 등락을 정리한 것이다. 표를 보면 전년대비 20% 아래로 하락한 경우가 5번(1990년, 1996년, 1997년, 2000년, 2008년) 있었고 이중 2000년도에는 전년대비 무려 50% 하락했던 블랙스완 현상도 있었다. 하지만 전년대비 20% 이상 상승한 횟수가 14번이나 더 많았기 때문에 결과적으로 전체기간 동안 매년 9.17%씩 성장할 수 있었던 것이다. (표27-3 참조)

여러분이 아직 은퇴 전이고 전체 시장에 투자하는 인덱스펀드에 투자를 하고 있는데 갑자기 수익률이 전년 대비 50%까지 폭락하는 이른바 블랙스완 현상이 발생한다면 여러분에게 어떠한 일들이 발생될까? 답은 별로 영향이 없다. 금융의 빅 데이터를 보면 절대 망할 수 없는 불사조인 전체 시장지수는 비록 매년 오르내림 현상이 빈번하더라도 시간을 가지고 서서히 성장하는 일관된 모습을 보여주었다. (표27-4 참조) 나의 노후준비 투자는 목돈이 필요한 시점이 내가 은퇴하는 시점이다. 따라서 긴 준비기간 중에 설사 한두 번 블랙스완 현상이 발생되더라도 이내 시장은 자체 회복되므로 걱정할 필요가 없다. 내가 걱정을 할 필요가 없는 이유는 내가 지금 바로 쓸 돈이 아니기 때문에 설사 블랙스완 현상이 발생한다 하더라도 기다릴 수 있기 때문이다. 그러나 여러분이 지수가 폭락한 1998년, 2000년, 2008년도에 기다릴 수 없어 투자를 중단했다면 은퇴시점에 결과적으로 과거 30년 동안 매년 연 9.17%의 높은 복리수익의 혜택은 절대 누리지는 못했을 것이다.

우리가 블랙스완이 발생해도 놀라지 않으면서 기다릴 수 있는 힘은 금융의 빅 데이터를 참조하여 여러분의 미래 투자결과를 지금 미리 보고서 이를 두뇌에 전달하는 것에서부터 나온다. 여러분이 가지고 있는 시간의 크기는 노후연금의 크기를 결정하는 가장 중요한 요소가 된다. 여러분이 앞서 소개한 (표 1) 연금계산기를 이용하여 시간의 크기를 바꾸어 직접 입력해 보면서 실험을 해보시면 공감하실 것이다. 그래서 존경받는 저명한 투자전문가들의 공통적인 조언이 젊었을 때 한시라도 빨리 노후준비 투자를 시작하라고 하는 것이다. 나의 시간의 크기는 나의 연금의 크기이다. 즉 시간은 돈이다.

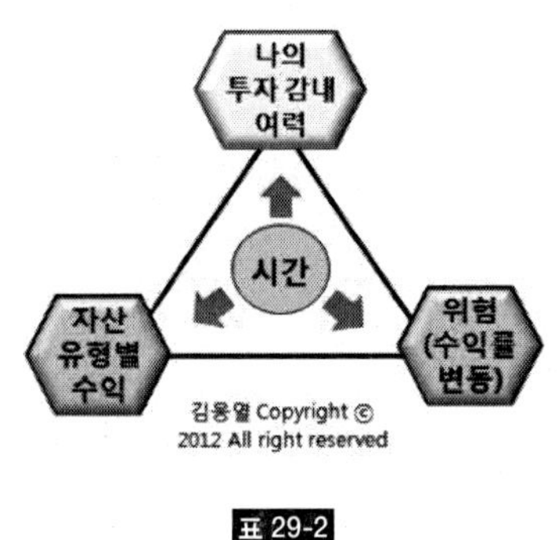

표 29-2

삼각형 (표 29-2)에서 '나의 투자 감내 여력'이란 1)매월 투자 가능한 금액과 2)은퇴 전에는 월급으로 생활하면 되므로 은퇴준비 목돈 만들기 투자가 종료되는 시점인 60세까지 내가 기다릴 수 있는 시간의 크기를 말한다. 즉 시간의 크기에 대한 인식이 중요한데 내가 가진 시간의 크기가 클수록 1)나의 투자 감내 여력은 증가되고 2)위험의 크기는 줄어들고, 3)전체 시장지수(인덱스펀드)의 평균 수익률이 매년 복리로 증가되어 내게 돌아오는 목돈의 크기는 급격하게 증가된다. 물론 아주 부자라서 투자한 돈이 있으나 없으나 생활에 별 차이가 없는 경우에도 기다릴 수 있으므로 투자여력은 증가된다.

여러분이 은행 증권 보험사에서 실적기준 금융상품 선택할 때 '과거 투자 실적은 미래 수익을 보장하지는 않는다.'는 경고 문구를 항상 듣는다. 맞는 말이다. 하지만 이 말을 모든 과거자료가 의미 없다는 것으로 오해하시면 안 된다. (표 10-1, 표28)과 같이 투자자산 유형별로 분명 장기 투자수익률 패턴은 있다. 다만 채권과 주식 등에 단기간 투자하면 시장금리 변동과 기업 가치에 대한 투자자들의 변덕스런 판단 때문에 거래가격이 항상 오르내리는 것을 피할 수 없을 뿐이다. 그래서 이를 다음과 같이 고쳐 써야 한다. '자산을 운영하는 매니저나 개별 펀드의 과거 실적은 미래 수익을 보장하지 않는다. 그러나 그들이 투자하는 투자자산 별 장기수익률은 과거에도 미래에도 크게 변하지 않는다.'

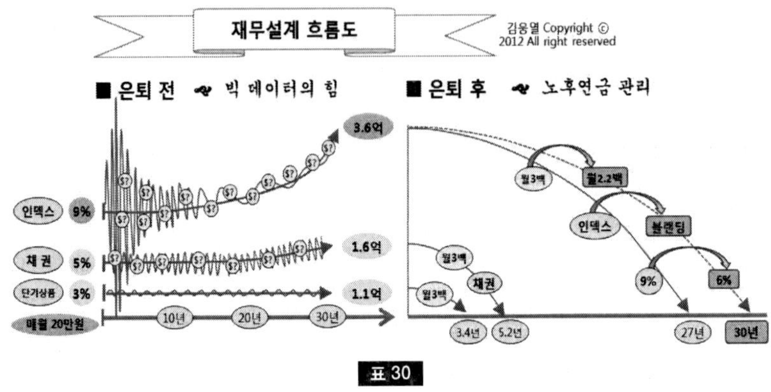

앞서 소개한 사례를 다시 보자. 30세 홍길동이 매월 20만 원씩 60세까지 투자를 한다고 가정했다. 홍길동이 전체 시장을 포함하는 인덱스에 투자를 한다면 약 9% 수익률을 기대할 수 있어 은퇴 시 약 3억 6천만 원을 받을 수 있다. 만약 노후연금 기간에도 인덱스에 투자한다면 매월 3백만 원의 연금을 27.5년간 받을 수 있게 된다. 하지만 홍길동이 젊었을 때는 모두 인덱스에 투자하고 은퇴 이후에는 모두 채권에만 투자한다면 연금 3백만 원을 14.2년까지 받을 수 있다. 반면에 젊었을 때와 은퇴 이후에도 모두 채권에만 투자한다면 연금 3백만 원을 5.2년까지만 받게 되고, 단기금융상품에만 투자한다면 연금 3백만 원을 3.4년 밖에 받지 못한다. 참조로 은퇴 전에는 인덱스펀드에 투자를 해서 목돈을 만든 다음, 은퇴 후 매월 받을 연금을 300만 원에서 220만 원으로 낮추면 은퇴 후 연 6% 투자수익률만으로도 30년 동안 받을 수 있게 된다.

이 모든 경우를 (표1) 연금계산기를 가지고 몇 개의 숫자만 입력하여 자동계산을 해 볼 수 있다. 즉 여러분이 홍길동과 달리 은퇴까지 시간의 크기(나의 위험 감내 여력)가 다를 경우 나의 상황에 맞게 다시 계산해 볼 수 있다. 거꾸로 은퇴 이후 매월 필요한 노후연금을 받기 위해 은퇴 시점에 내가 필요로 하는 목돈의 크기를 계산하고 나서, 은퇴 전인 지금 나의 시간 크기를 감안하여 지금 매월 투자해야 할 금액도 알아 볼 수 있다. 연금계산기는 '재무설계흐름도'(표30)를 따라서 여러분 각자의 상황에 맞는 다양한 경우를 모두 반영하여 계산해 볼 수 있다. 이제 여러분은 지금 내가 선택하는 투자자산(주식, 채권, 단기상품)에 따라서 미래 나의 노후연금 크기를 알 수 있게 되었다. (표 1)연금계산기를 이용하여 지금 여러분이 가입한 금융상품의 노후 실 수령액이 산출되도록 계산해 보자. 그러면 아마도 대부분 3% 내외의 수익률이 될 것이다. 전체 시장주식에 투자하는 불사조 인덱스펀드나 채권펀드 또는 단기금융상품 중 어디에 투자를 하는지는 여러분의 선택이다. 하지만 결과도 여러분의 책임이다. 인덱스펀드는 장기적으로 인플레이션을 극복하면서 연 9% 수준의 최고 수익률이 기대되지만 위험은 채권투자보다 낮다. 그리고 금융시장에서 주기적으로 반복되는 시장의 폭락(블랙스완 현상)을 모두 극복하며 최후에 살아남는 불사조와 같다.

2) 아이 키우는 심정으로 노후준비 투자를 하자

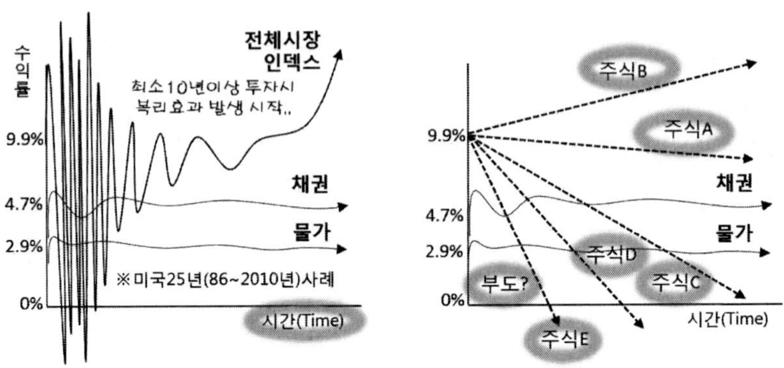

표 31　투자자산 선택과 은퇴 시 목돈

어찌 보면 노후대비 투자는 아이 키우는 것과 비슷하다. 누구도 아이가 자라서 어엿한 성숙된 청년으로 자라는 것을 의심하지는 않는다. 하지만 아이 키우는 과정은 절대 녹록하지 않다. 유아기에는 다칠까봐 노심초사 걱정되고, 조금 자라서는 개구쟁이, 그리고 사춘기 때는 블랙스완과 같은 일탈행동으로 부모를 긴장하게 한다. 노후준비 투자도 이와 매우 유사하다. 유수의 투자 전문가들은 금융의 빅 데이터 (표 10-1)가 보여 주었듯이 개인투자자들의 노후준비에는 장기 투자 인덱스펀드 이외에 대안이 없음을 증언하고 있다. 실제 (부록 5)의 워런 버핏의 동영상 인터뷰에서도 이를 확인할 수 있다. 그는 『여러분이 전체 산업에 투자를 하시게 된다면… 즉 인덱스펀드에 투자를 하신다면, 그리고 오랜 시간동안 지속해서 투자를 하신다면… 또한 펀드 수수료가 저렴한 것을선택하신다면, 그 것이 바로 최상의 투지 대안이 될 것입니다』 하지만 우리들은 마치 개구쟁이처럼 사춘기 청년처럼 종종 방황한다. 인덱스펀드를 가입했다가 중단하기도 하고 나의 노자 돈에만 관심 있는 자들의 달콤한 말에 현혹되어 좀 더 화려해 보이는 스타펀드를 쫓아 귀중한 시간을 낭비하기도 한다. 정말 우리들이 바른길로 찾아 가기란 쉬운 일이 아니다.

노후준비 투자 과정을 여러분이 서울에서 부산까지 여행을 떠나는 것으로 비유해서 생각해 보자. 여러분의 선택은 세 가지가 있을 수 있다. 비행기(대박을 기대하며 개별기업 주식투자)를 타고 갈 수도 있고, 서울역에 가서 열차(인덱스펀드 투자)를 타고 갈 수도 있으며 자가용(몇 개 종목 선별투자)을 타고 갈 수도 있다. 비행기를 타면 빨리 갈수 있지만 눈 내리는 짓궂은 날씨(경기불황)를 만나면 비행기는 결항(투자기업 부도로 노후준비 실패) 한다. 자동차를 직접 운전해서 간다면 고속도로에 눈이 많이 내려 부산까지 못갈 수도(노후준비 실패) 있고 내가 항상 운전(여러 기업 주식을 거래)하느라 피곤하다. 하지만 열차를 타고 가면 짓궂은 날씨(시장이 폭락하는 블랙스완)에도 아무 상관없고 내가 피곤하게 운전할 필요도 없다. 오히려 커피 한잔의 여유를 가지고 차창 밖의 세상사 풍경(전체 주식시장의 등락)을 멀리서 느긋하게 바라다보면서 여행을 즐길 수 있다(마음의 여유를 가지게 되어 직장생활을 더 열심히 하고 가족과도 좀 더 시간을 가지며 화목한 인생을 즐길 수 있다는 뜻). 물론 부산에는 정시에 도착한다(금융의 빅 데이터를 보면 과거에도 미래에도 불사조 인덱스펀드가 최후승리자이다).

여러분은 지금은 생업에 종사하며 일을 해서 돈을 벌고 있는 현역이다. 이미 생활비를 벌고 있으므로 돈이 당장 필요한 것도 아니다. 노후준비를 위해 매월 일정금액을 적립식으로 전체 시장 인덱스펀드에 투자해서 채권 대비 2배 수준의 9% 수익이 기대된다면 중도에 팔아야 할 이유가 없다. 여러분 중에 일부는 투자 수익률이 떨어지는 것을 걱정할 수도 있다. 실제로 일시적으로 그렇게 될 수도 있다. 그러나 시장은 이내 회복되며 인덱스 펀드 수익률은 시간이 지날수록 이러한 수익률 하락 위험이 급격하게 줄어 든다. (표 13-2, 표 23참조) 그리고 은퇴시점에 결과적으로 매년 9% 이상의 복리 수익률로 나의 투자금액을 늘려준다. 여러분이 매월 20만 원씩 단기금융상품에 연 3%로 30년 투자하면 1억 1천만 원이고, 채권에 연 5%로 30년 투자하면 1억 6천만 원이다. 그러나 전체 시장 인덱스펀드에 30년 투자하면 3억 6천만 원이 된다. 그런데 만약 여러분이 중도에 인덱스펀드 투자를 중단한다면 그것은 최상의 투자 성공기회를 스스로 날려 버리게 되는 것이다.

만약 여러분이 개인적으로 개별 주식이나 시장의 일부 종목에만 집중해서 투자한다면 어떻게 될까? 충분한 자금력과 막강한 시장 정보 그리고 금융의 빅 데이터를 가지고 차가운 이성으로 무장한 기관 투자자와의 대결에서 몇 번의 심리적 공황을 겪을 것이고 결국은 머릿속에 맴도는 투자 손실의 공포를 견디지 못하고 시장을 원망하며 떠날 수밖에 없게 될 것이다. 장기적으로 성공적인 투자를 하기 위해서는 상당한 투자 전문지식과 해당 산업에 대한 20년 정도의 장기간 숙성된 현장 경험, 그리고 정확한 판단을 할 수 있는 해당 산업 내 전문 네트워크가 있어야만 가능하다. 하지만 이 모든 것을 모두 갖춘 투자 전문가들도 장기적으로 전체 시장의 수익률을 앞서는 경우는 거의 없다. 다행이 우리에게는 생업에 종사하면서 별다른 노력 없이 편안한 마음으로 커피 한 잔의 여유를 즐기며 채권투자 수익률의 2배 수준의 복리수익률을 기대할 수 있는 장기 인덱스펀드가 있다. 꼼꼼하게 따져 보면 노후준비를 위한 매월 적립식 인덱스펀드 투자는 현대 투자론(Modern Portfolio theory)의 핵심이론들이 집결되어있는 최고의 금융상품이며 그래서 워런 버핏이 우리들에게 진심으로 조언한 것이다.

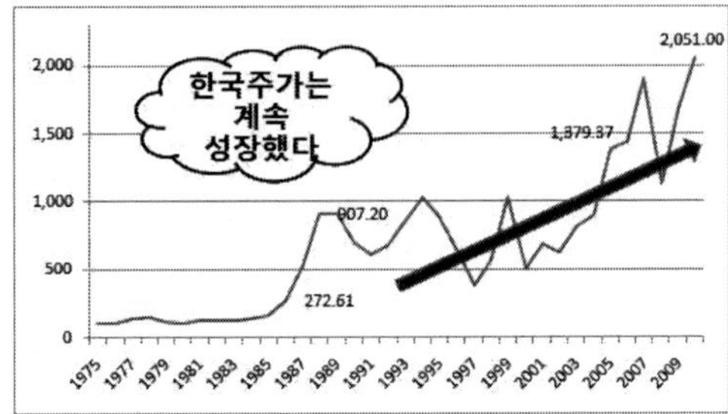

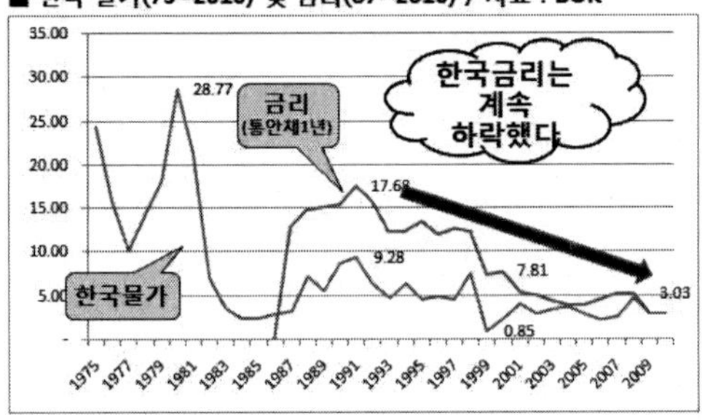

표 32 한국/미국 금융시장 흐름도

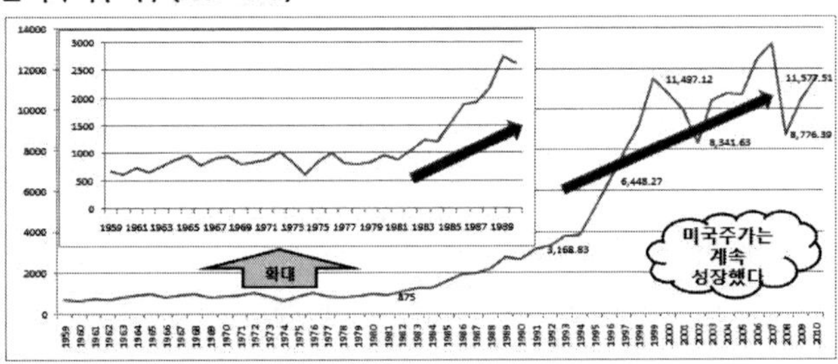

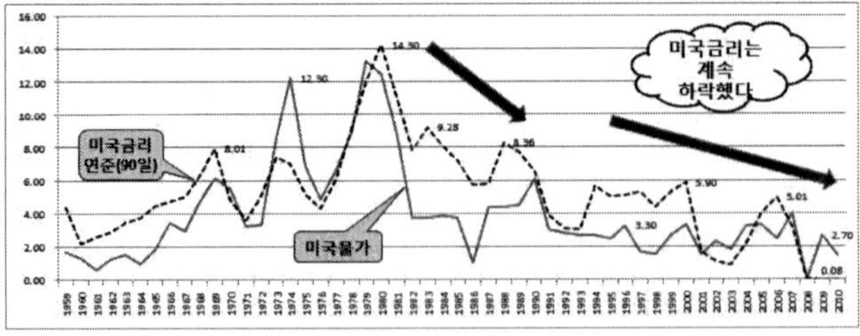

3) 금융시장의 큰 흐름

(표 32) 한국과 미국의 금리와 주식시장 장기 흐름을 정리한 그래프를 보자. 한국에서 코스피지수가 거래되기 시작했던 1975년부터 2010년도까지 35년을 살펴보면 금리는 계속 하락했지만 전체 시장 주식은 계속 상승했다. 한국 경제가 발전하면서 1997년도 아시아 금융위기와 IMF 구제금융, 2000년 닷컴기업의 몰락, 2008년도 미국 금융위기와 유럽의 재정위기의 수난을 격기도 했지만 시장은 이를 모두 꿋꿋이 극복해가는 모습이다.

미국의 최근 50년간 금융역사도 한국과 유사함을 볼 수 있다. 채권 금리와 물가는 계속 하락 했지만 전체 시장 주식은 50년간 계속 성장했다. 한국의 기업들이 미국 기업들처럼 글로벌 기업으로 성장하고 있고 한국은 이미 세계 7대 무역 국가이다. 한국 경제의 모습이 미국경제 모습을 점점 닮아가고 있으므로 미국의 채권금리 하향 추세와 전체 주식시장의 성장 모습은 노후준비 장기투자를 하는 우리들에게 시사하는 바가 크다고 하겠다.

4) 이미 은퇴하신 분들

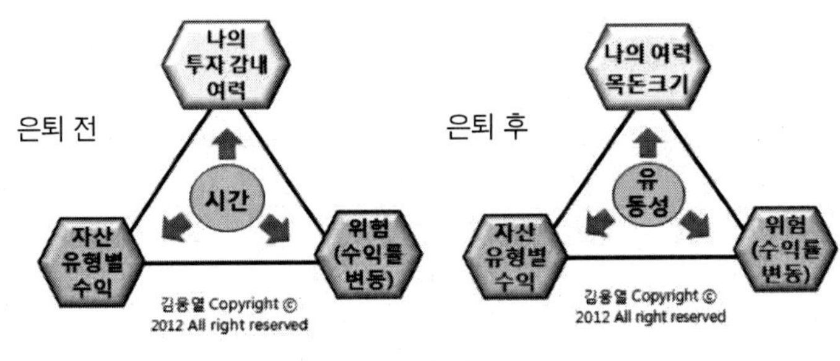

이미 은퇴를 하신 분들은 은퇴 전이신 분들과 투자전략이 약간 다르다. 가장 큰 차이는 은퇴 후에는 생활비를 충당할 월급이 없으므로 기다릴 여력이 부족하다는 점이다. 따라서 은퇴 전에는 내가 가진 시간의 크기가 나의 투자 자산 선택에 핵심기준이였지만, 은퇴 후에는 내가 가진 목돈의 크기가 나의 은퇴 후 투자 자산 운영 방식 선택에 가장 큰 영향을 미치게 된다. 따라서 젊어서 매월 일정 금액을 적립식으로 전체 시장에 투자해서 노후준비를 일찍 시작하여 은퇴 시 목돈의 크기를 최대한 크게 하는 것이 중요하다.

투자자산 유형별로 장기 투자 수익률은 이미 일정한 수준으로 정해져 있다(표 10참조). 그리고 은퇴 후 노후생활 기간은 어쩌면 30년 직장생활보다도 더 길어질 수 있다. 은퇴 후에는 내가 가진 목돈으로 매월 필요한 생활비 정도의 투자수익이 기대되도록 인덱스펀드와 채권투자 비중을 정해야 한다. 주의할 점은 긴 노후생활 동안 물가 상승에 따른 원금 손실 방지를 위해 채권보다 2배 수익률이 기대되는 전체 시장 인덱스펀드에 상당한 금액을 반드시 장기로 투자를 해야만 한다는 것이다. 전체 목돈 중에서 채권에 투자하는 금액을 주먹구구로 정하는 것이 아니라 매우 신중하게 채권투자 비중을 정해야 한다. 많은 분들이 은퇴 후에는 매월 안정적인 수익이 기대되는 채권에 주로 투자해야 한다고 생각하시지만 100세 노후생활 기간을 생각하면 인플레션에 의한 손실을 방지하도록 목돈 중 인덱스펀드 투자 금액을 적절한 수준으로 정하는 것이 아주 중요하다.

  금융 선진국은 은퇴 후 노후생활 동안 채권투자와 인덱스펀드 투자 수익률의 중간 정도인 약 7% 수익률을 20~30년 장기간 보장하는 금융상품도 있지만 우리는 아직 이러한 금융상품이 없으니 우리 스스로 좀 더 관심을 가지고 관리가 필요하다. 은퇴 후 자산 설계 부문은 다음기회에 상세히 정리할 계획이다.

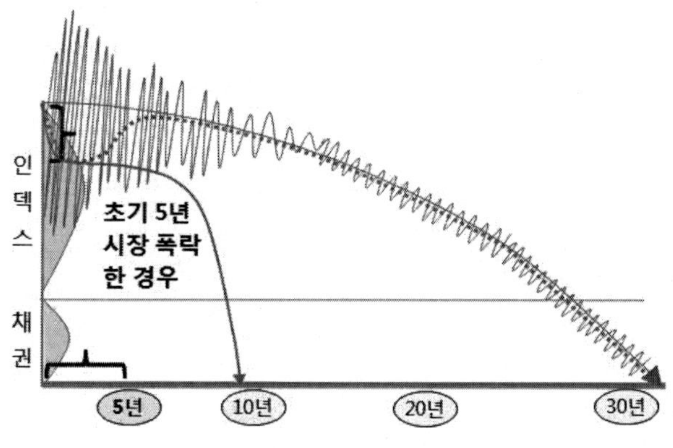

표 34 은퇴 후 자산운영

확인이 중요하다

1. 바쁜 내가 위임은 하되 반드시 확인하자

　이제 나의 투자여력을 감안하여 노후대비를 위한 매월 투자금액을 계산할 수 있게 되었고 어디에 투자를 해야만 내가 기대했던 노후 연금을 받을수 있을지도 알 수 있었다. 그런데 아직 하나 짚어볼 부문이 남아있다. 바로 투자 관리부문이다. 사실 투자는 나 이외에 누구도 책임지는 사람이 없다. 결국 모두 우리들의 책임으로 돌아온다. 내가 열심히 일해 생활비 아껴서 투자한 소중한 돈은 귀중하게 운영되어야 한다. 우리는 모두 생업에 바쁜 사람들이고 투자 전문가도 아니다. 하지만 비록 전문가는 아니지만 내 돈을 관리해 주는 전문가와 이해의 코드를 맞추어서 이야기 할 수는 있어야 한다. 그래야만 그들의 실적을 여러분들이 정확하게 알 수 있고 정당하게 실적을 올린 부문만 보상할 수 있는 것이다. 여러분이 이해의 코드를 못 맞추면 그들의 실적이 정말 잘한 것인지 그렇지 않은 것인지 알 수가 없어 귀중한 돈을 낭비하게 된다. 선진 금융시장을 닮아가는 한국시장도 이제 더 이상 아마추어가 승리할 수 있는 시장이 절대 아니다. 이미 시장에는 나보다 더 많은 정확한 정보로 무장한 유능한 투자 전문가들이 충분히 많다. 즉 프로급 투자전문가들이 서로 경쟁하는 시장이 되었다. 그래서 이제는 투자는 투자 전문가에게 맡겨야 한다.

　투자관리 과정을 아이 키우는 과정과 비유해 보자. 생업에 바뻔 맞벌이 부부는 아이를 보육원, 유치원 또는 방과 후 학교나 학원에 의존할 수밖에 없다. 보육원, 유치원에 있는 우리 아이의 안전을 CCTV로 지켜보듯이, 투자에 있어서도 바쁜 나를 대신하여 투자해 주는 펀드운영 과정을 CCTV처럼 지켜보아야만 한다. CCTV 역할을 축구에 비유해 보자. 골대를 향해 축구공을 힘차게 차고 나면 공이 골대로 제대로 날아가는지 눈을 뜨고 확인해야 한다. 많은 분들이 힘차게 공을 차듯 노후준비 투자를 시작한다. 하지만 대부분 그 다음 부터는 눈을 감고 있다. 이제는 눈을 뜨고 내 공이 어디로 날아가는지 어디까지 날아갔는지 잘 보자. 공이 어디까지 날아갔는지는 연금계산기로 몇 가지만 입력하면 알 수 있다. 공이 골문을 향해 제대로 날아가는 지, 즉 노후준비를 위해 나의 투자가 바른 방향으로 잘 가고 있는지는 지금부터 설명 드리는 '펀드실적평가'를 통해 점검해야 한다.

여러분은 지금 은퇴에 필요한 목돈을 만들기 위해 매월 투자를 하고 있다. 그리고 투자자산 유형별로 장기 투자수익률 크기와 위험크기 감안 시 시장 전체에 투자하는 인덱스펀드가 최선이라는 것도 알아보았다. 그리고 가까운 은행에 가서 인덱스펀드에 가입도 했다. 그런데 은행(또는 증권사)은 직접 인덱스펀드를 운영하는 것이 아니다. 대부분 자산 운영사가 운영하는 펀드와 연계하여 운영된다. 문제는 가끔 이러한 펀드 중에 이름만 인덱스펀드이고 실제 운영방식은 내게 적합하지 않은 이상한 펀드일 경우가 있다. 즉 축구공이 골대가 아니라 엉뚱한 방향으로 날아가는 경우가 종종 있다. 왜 이러한 현상이 발생될까?

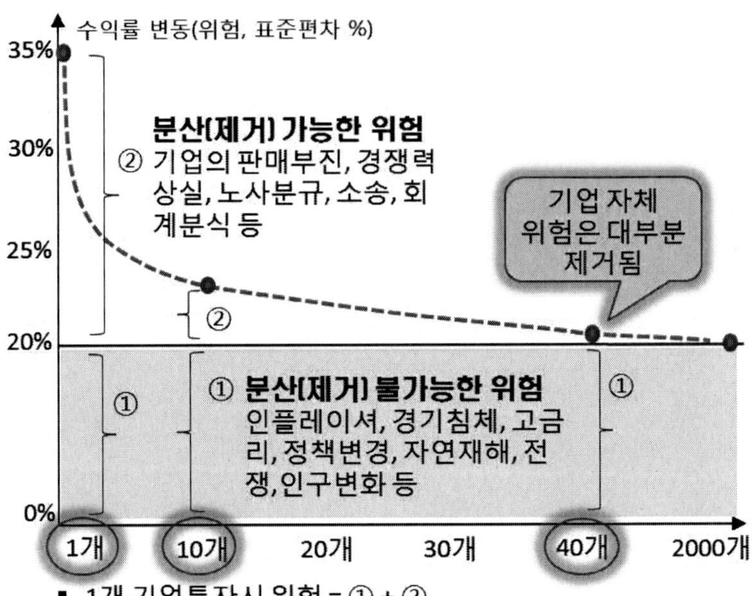

Fundamentals of Financial Management 8차 개정
- Eugene F. Brigham, Joel F. Huston

표 35 전체시장 복사하는 인덱스펀드 원리

(표 35) 펀드매니저가 전체 시장에 투자하는 인덱스펀드를 구성하려면 정확하게 말하면 시장에서 거래중인 수천 개 기업의 주식을 조금씩 다 사야만 한다. 하지만 이렇게 하면 거래 비용 및 관리비용이 많이 발생되어 펀드 운영이 거의 불가능하다. 따라서 시장에서 거래되는 업종별로 대표적인 기업들의 주식을 사서 시장을 복사하여 인덱스펀드를 구성한다(표 35) 투자이론 전문서적에 따르면 약 40개 주요 대표 기업에 분산 투자를 하면 40개 기업으로 구성된 펀

드의 평균 수익률과 평균 위험(스윙, 표준편차)이 전체 시장의 수익률과 위험(스윙, 표준편차)과 거의 같은 수준이 된다. 즉 40개에 포함된 각 기업들의 수익률은 전체 시장보다 높을 수도 있고 낮을 수도 있지만 40개 기업의 주가를 모두 더해서 평균을 계산해 보면 전체 시장과 같게 되는 것이다.

문제는 1)최초 인덱스펀드에 포함되었던 40개의 대표기업들이 시간이 지나면서 시장을 대표하지 못하는 경우가 종종 있다. 따라서 주기적으로 인덱스펀드에 포함되는 기업들을 재조정해 주어야 하는데 언제 어떠한 기업들을 포함하고 제외할지에 따라서 전체 시장과 동일한 인덱스펀드가 되기도 하고 이름만 인덱스펀드이고 실제 전혀 다른 펀드가 될 수 있다. 2)또한 전체 시장이 올라서 펀드의 수익률이 올라갔지만 일부 부도덕한 펀드들은 마치 펀드운영자의 실력에 의해서 올라간 것으로 사실과 달리 투자자에게 이야기하며 높은 성과달성 수수료를 요구할 수도 있다. 이때 여러분은 펀드운영자의 진정한 실력에 의해 달성된 부문과 실력과는 상관없이 전체 시장의 상승에 따라 자연적으로 달성된 실적을 구분해야만 한다. 3)또한 펀드가 달성한 수익률 수준에 따라서 펀드운영 수수료(성과보상)가 증가되는 펀드라고 하면 전체 시장의 위험도보다도 훨씬 큰 위험을 부담하면서 쉽게 시장보다 높은 수익률을 달성하려고 할 수도 있다.

세 가지 경우 모두 여러분이 의도한 방향으로 축구공이 날아가는 경우가 아니다. 따라서 여러분은 이 세 가지 경우를 모두 가려

내는 힘이 필요하다. 어떻게 할까? 언뜻 생각해 볼 수 있는 방법은
첫째, 펀드의 수익률이 전체 시장의 수익률과 같거나 높은지? 둘째,
펀드의 위험도가 시장 전체보다 같거나 낮은지? 비교해 보는 것이
다. 그런데 이 두 가지는 펀드의 수익률과 위험도를 나타내는 표준편
차 크기만 비교해 보면 금방 확인되므로 어려울 것이 없다. 문제는
펀드의 수익률과 위험(스윙, 표준편차)이 모두 시장보다 높을 경우,
또는 수익률과 위험이 모두 시장보다 낮을 경우 과연 전체 시장 대
비하여 잘한 것인지 못한 것인지 판단해야만 한다는 것이다. 즉 위
험부담 대비 적절한 수익률을 달성했는지를 알아야 한다. 좀 복잡
하고 어려운 일이지만 방법은 있다.

2 펀드 실적 내가 평가한다

　바로 투자전문서적에서 제공하고 있는 '펀드별 운영실적분석표'
(표36-1)이다. 이 표를 설명하기에는 긴 지면이 필요로 하므로 여
기서는 사용법만 알자. 제가 여러분이 쉽게 사용할 수 있도록 엑셀
로 풀어서 만들었다. 사용방법은 아주 간단하다. 음영으로 처리된
표 윗부분의 '시장 수익률 자료' 부분만 입력하면 된다. 1)먼저 기초
자료(시장수익률, 시장 위험도인 표준편차 값, 기준금리)를 '시장수
익률 자료' 란에 입력한다. 동 자료는 증권사에 전화 한통화로 모두

확인할 수 있다. 2)다음으로 내가 가입한 펀드 A, B, C, 의 최근 운영실적을 확인한다. 각 펀드별로 (가)수익률과 (나)베타 값 그리고 (다)표준편차 값만 문의하여 입력한다. 그러면 나머지는 모두 자동으로 계산된다.

■ 펀드별 운영 실적 분석

(단위 : %)

	기준금리	시장수익률 자료	펀드A	펀드B	펀드C	
펀드 총 수익률 %	3.00	➡ 9.00	11.00	8.00	9.50	◀ [가]
펀드 베타값, beta, β		➡ 1.00	1.50	0.90	1.00	[나]
펀드 표준편차값, σ		➡ 20.00	40.00	18.00	20.00	[다]
CV (낮을수록 좋음)		2.22	3.64	2.25	2.11	
sharp ratio (높을수록 좋음)			0.20	0.28	0.33	◀ [라]
기준금리 대비 초과수익률(실제 달성치) (Ra-Rf) ①			8.00	5.00	6.50	
- βi 위험도 감안한 초과수익률(요구 기대치) (Rm-Rf)βi ②			9.00	5.40	6.00	
초과수익 달성치(분석前) ③ = ①-②			△1.00	△0.40	0.50	◀
초과위험 감안한 수익률 조정 펀드전체 (Rm-Rf) *(Pσi/Mσ)			12.00	5.40	6.00	
(−)시장조정 - (Rm-Rf) βi - Policy effect, ②			(9.00)	(5.40)	(6.00)	
(=)시장보다 초과위험 부담치 (Rm-Rf)(Pσi/Mσ) - (Rm-Rf)βi ④ = current Pσi -②			3.00	0.00	0.00	(마)
진짜 초과수익 달성치(분석後) ⑤ = ③-④			△4.00	△0.40	0.50	◀ [바]

※ Investment Analysys & Portfolio Management - Frank K. Reilly and Keith C. Brown

표 36-1

(표 36-1) 사례를 가지고 알아보자. 언뜻 수익률의 크기만 보면 전체 시장(9%), A펀드(11%), B펀드(8%), C펀드(9.5%)로 A펀드가 가장 우수해 보인다. 하지만 위험도 크기를 나타내는 표준편차 값은 전체 시장(20%), A펀드(40%), B펀드(18%), C펀드(20%)로 B펀드가 가장 낮다. 그러면 도대체 어떤 펀드가 전체 시장 대비 펀드운영을 잘한 것일까? 먼저 어느 펀드가 가장 잘 했는지를 찾으려면 (라)로 표기된 sharpe ratio 값이 가장 큰 것을 찾으면 된다. C펀드의

sharpe ration 값이 가장 크니 C펀드가 가장 잘했다. 그런데 얼마만큼 잘했을까? 이를 알기 위해서는 좀 복잡한 계산과정을 거쳐야 하는데 표에서 (바)로 표기된 값의 크기가 전체 시장 실적 대비하여 A, B, C 펀드가 얼마만큼 잘 했는지를 보여주는 값이다. 값을 보면 C펀드가 전체 시장보다 0.50% 만큼 우수한 실적을 달성했다.

(표 36-2)에서 대각선으로 표기된 선이 전체 시장의 수익률이다. 대각선보다 아래에 있는 펀드 A와 B는 전체 시장보다 실적이 못한 것이고, 대각선 위에 있는 펀드 C는 전체 시장보다 더 잘한 것이다. 전체 시장 대비 얼마만큼 잘하고 못했는가는 (표 36-1)의 가장 아래에 있는 (바)의 숫자를 보면 된다.

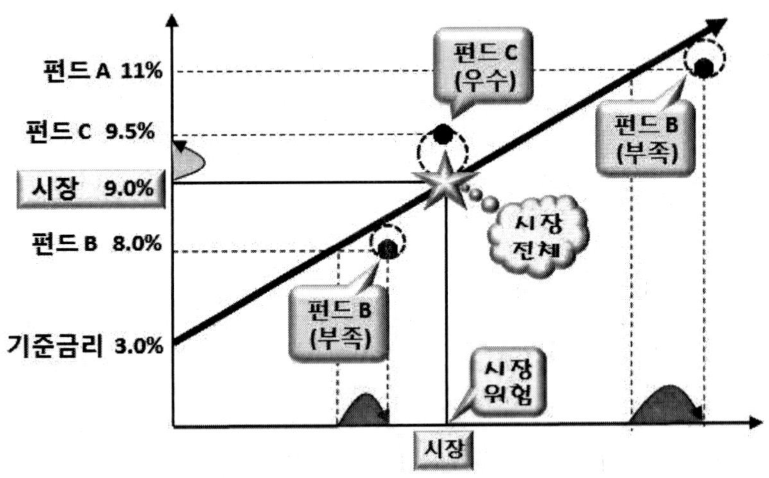

표 36-2 펀드 운영실적 비교

3 축복받은 돈의 주인이 되자

그래도 혹시 나만 예외? 싸게 사서 비싸게 팔려는 유혹을 느끼신다면?

돈을 버는 방법은 두 가지이다. (표 37-1, 37-2) 하나는 남의 손실이 나의 이익이 되게 하는 방식이다. 남의 불행을 나의 기회로 삼아 돈을 버는 것이니 돈에 아픔이 사려있다. 이렇게 번 돈은 대부분 오래 가지 못하고 언젠가는 나의 과욕을 불러 복수하게 된다. 두 번째는 남을 도와주면서 나도 돈을 버는 방법이다. 남도 돕고 나도 도움을 받으니 상생의 돈이 되며 사회 전체에도 새로운 부가가치를 창출하여 모두가 잘 살아가게 하는 축복 받은 돈이다. 전자는 투기이며 후자는 투자이다. 행복한 노후생활을 위한 장기투자는 축복 받은 돈으로 준비해야 한다. 그래야만 노후생활이 복을 받는 것이다.

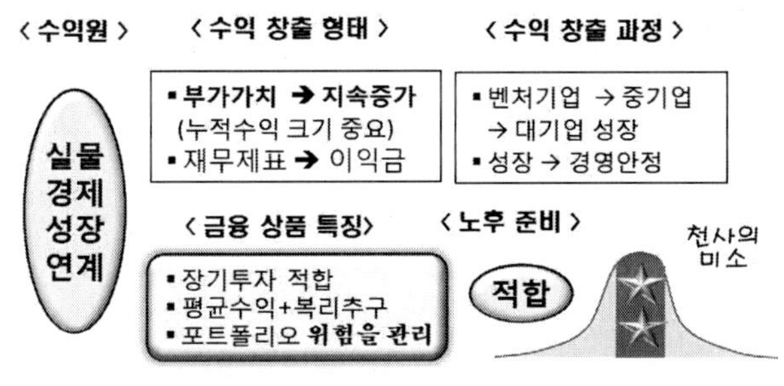

표 37-1 축복받은 돈?

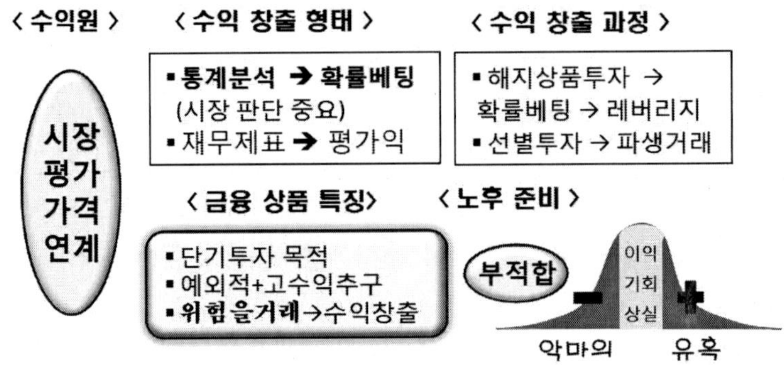

표 37-2

(표37-1)은 실물경제의 성장을 바탕으로 부가가치를 창출하여 한국 경제 발전에 도움이 되고 우리의 자녀에게 일자리를 창출하는, 그리고 내가 감내할 만한 범위 안에서 위험을 관리하는 노후준비의 바른 투자방식(매월 인덱스펀드투자)을 정리한 것이다. 앞의 (표28)에서 정리한 개인과 기업의 장기 목적이 서로 잘 맞는 경우가 된다.

그러나 (표37-2)는 나의 투자이익이 남의 손실이 되고 부가가치 창출보다는 동일한 기업 가치에 대한 투자자의 평가차이(상대방의 실수)가 수익원이 되며 마치 폭탄 돌리기처럼 위험을 사고파는 거래로 노후준비 투자를 한다면 어떻게 될까? 언젠가는 나의 손에서 폭탄이 터지는 상황을 피할 수 없게 된다.

맺음말

리더십과 분야의 세계적인 석학이며 2009년 포브스가 선정한 세계에서 가장 영향력 있는 경영사상가 15인에 선정되었던 마샬 골드스미스는 기업의 생존전략을 한마디로 정의했다. "What get you here, wont get you there."

"기업이 지금의 성공을 있게 한 과거의 방식만을 계속 고집한다면 기업이 가고자 하는 미래 목적지에 절대 도착할 수 없다."

기업은 경쟁력 있는 상품과 서비스를 소비자에게 공급해서 이윤을 남기지만 소비자의 선택은 지금 이 순간에도 계속 변화하고 있다. 기술의 발전 속도가 더욱 가속화되면서 소비자 선택의 폭은 더욱 넓어지고 있고 더욱 스마트해지고 있다. 이제 똑똑한 소비자에게 웬만한 상품과 서비스 가지고는 지갑을 열게 할 수 없다. 그만큼 기업의 생존환경이 과거보다 더 악화되고 있는 것이다. 어떤 분들은 경제발전이 이미 한계에 도달했다고도 한다. 인구가 고령화되고 있어 노동력 부족과 젊은 소비층이 감소되어 기업의 제품·서비스의 생산 및 판매활동이 줄어들수 밖에 없다고 한다. 더욱이 판매실적 감소를 보완하는 기업의 내부 생산성 개선 방안도 이미 모두 정점에 다다랐기 때문에 미래에는 과거처럼 높은 경제성장을 기대하는 것이 불가능할 것이라고도 한다.

그러나 미래에는 경제 성장률이 높지 못할 것이란 판단은 다이내믹한 현장을 무시한 생각으로 보인다. (표 20)에 정리한 것과 같이 미래 우주산업, 생명공학, 바이오케미컬, 신규 에너지산업 등은 아직 시작도 하지 않았다. 과거 산업혁명이 1800년간 지속된 우리들의 삶의 방식을 일순간에 바꾸어 놓았듯이 미래 신규 산업들은 새로운 방식으로 우리들의 삶에 엄청난 영향을 미치게 될 것이다. 그리고 새로운 것에 대한 본능적 호기심과 욕망으로 가득한 소비자는 항상 지갑을 활짝 열 것이다.

아이폰은 이미 10년 전부터 있었던 PDA를 기반으로 하여 휴대전화, MP3, 캠코더, 모바일인터넷 기능을 단순하게 더한 것이다. 10년 전에는 IT기술발달이 늦어 불가능했었지만 불과 몇 년 전에야 가능했던 초소형 PC제작기술을 이용하여 이러한 기능을 모아서 애플이 아이폰으로 재탄생시킨 것이다. 지금은 여러 산업분야 기술들이 IT 정보통신을 타고 실시간으로 전 세계에 공유되고 있다. 과거 특정 산업에만 사용되었던 기술들이 지금은 마치 레고 블록처럼 타 산업과 개방적으로 공유되어 매년 제곱(1.2.4.8.16.32…)으로 기술 발전 속도가 가속화되고 있다. 영화 속에서 보았던 우주여행, 가상공간세계 여행, 어쩌면 영생을 얻을 수도 있는 생명공학, 그리고 노동을 대체할 로봇기술 등이 가까운 미래에 모두 가능할 것이다. 하지만 누구도 미래에 어느 기업이 최후의 승자로 남게 될지는 모른다. 다만 불사조 시장만이 남아 있을 뿐이다.

저자는 투자란 투자자 각자가 다른 투자자보다 앞서가서 높은 성과를 올리는 경쟁이 아니라, 자신에게 필요한 목돈을 만들기 위하여 바른 투자원리를 얼마나 충실하게 실행하느냐, 즉 나의 망각과 욕심 그리고 주변의 유혹을 자기 성찰과정을 통해 극복하는 과정으로 생각한다. 여러분이 지금 매월 일정금액을 전체 시장에 분산하여 장기간투자(인덱스펀드)하면 불사조 시장과 함께 희망찬 미래를 맞이할 수 있다. 그리고 채권보다 2배 수준의 시장 수익률이면 노후준비가 가능하다.

부록

1. 월드 팩트북(World Fact Book - 미국 CIA 자료) - 한국의 현주소

▶ 한국은 젊은 인구감소로 노동력 부족, 선진국처럼 개방적인 외국인 노동자 유입, 여성노동력 활용확대, 에너지 절약, 서비스산업 경쟁력 개선 등의 시사점이 보인다.

구 분		베트남	인도	언니	중국	브라질	대만	한국	시사점	일본	미국	독일	프랑스	영국
인구분포	인구	89.5	1,173.0	242.9	1,330.1	201.1	23.0	48.6		126.8	310.2	82.2	64.7	62.3
	0~14	26.1%	30.5%	28.1%	19.8%	26.7%	16.7%	16.8%		13.4%	20.2%	13.7%	18.6%	16.7%
	15~64	68.3%	64.3%	66.0%	72.1%	66.8%	72.6%	72.3%		64.4%	67.0%	66.1%	65.0%	67.1%
	65~	5.6%	5.2%	6.0%	8.1%	6.4%	10.7%	10.8%	노령인구증가	22.2%	12.8%	20.3%	16.4%	16.7%
	median	27.4	25.9	27.9	35.2	28.9	37.0	37.9	(평균 41세)	44.6	36.8	44.3	39.7	39.8
	이만(10ye/1000명)	-0.37	-0.05	-1.23	-0.34	-0.09	0.03	0.00	이만/여성인력 필요	0.00	4.25	2.19	1.47	2.6
	평균수명	71.94	66.40	71.05	74.51	72.26	78.15	78.81		82.17	78.24	79.41	81.09	79.9
수출입	수출/BN(09y)	57.1	168.2	119.5	1,204.0	153.0	203.4	373.6	수출만이 살길	545.3	1,069.0	1,145.0	473.9	356.2
	수입/BN(09y)	65.4	274.3	84.4	954.3	127.7	172.8	317.5		501.6	1,575.0	956.7	535.8	483.9
	합계	122.5	442.5	203.9	2,158.3	280.7	376.2	691.1		1,046.9	2,644.0	2,101.7	1,009.7	840.1
	1인당 수출입	1.4	0.4	0.8	1.6	1.4	16.4	14.2		8.3	8.5	25.6	15.6	13.5
GDP	1인당(09)	2,900	3,200	4,000	6,700	10,100	32,000	28,100	생활은 선진국	32,600	46,000	34,200	32,500	34,200
	official	1,040	1,055	2,221	3,748	7,827	16,457	17,130		39,976	45,519	40,620	41,051	34,976
GDP(%)	농업	21.3%	17.1%	15.3%	10.3%	6.1%	1.6%	3.0%		1.6%	1.2%	0.8%	1.7%	0.9%
	제조	40.0%	28.2%	47.6%	46.3%	25.4%	29.2%	39.4%		21.9%	21.9%	26.6%	18.8%	22.0%
	서비스	38.3%	54.6%	37.1%	43.4%	68.5%	69.2%	57.6%	서비스업 경쟁력부족	76.5%	76.9%	72.6%	79.4%	77.1%
기름생산	M bbl/day	0.30	0.87	1.02	3.90	2.57	0.27	0.05		0.13	9.05	0.16	0.07	1.50
기름수입	M bbl/day	0.10	2.90	0.60	4.30	0.60	0.93	2.90	원유대체 녹색절실	5.00	11.31	2.86	2.38	1.49
(1인당)	전력소비	0.83	0.46	0.49	2.59	2.01	9.99	7.92	에너지 절약필요	7.30	12.49	6.66	6.91	5.55
(1인당)	기름소비	0.0034	0.0025	0.0045	0.0062	0.0122	0.0391	0.0453		0.0339	0.0603	0.0296	0.0290	0.0268
교육비 지출비중		5.30%	3.20%	3.50%	1.90%	5.20%	NA	4.20%	교육비 비중	3.70%	5.50%	4.40%	5.60%	5.60%
기준연도		08y	06y	07y	99y	07y		07y		07y	07y	06y	06y	07y

2. 연금계산기+인생수지표 → 각자의 상황에 맞게 입력해 보세요

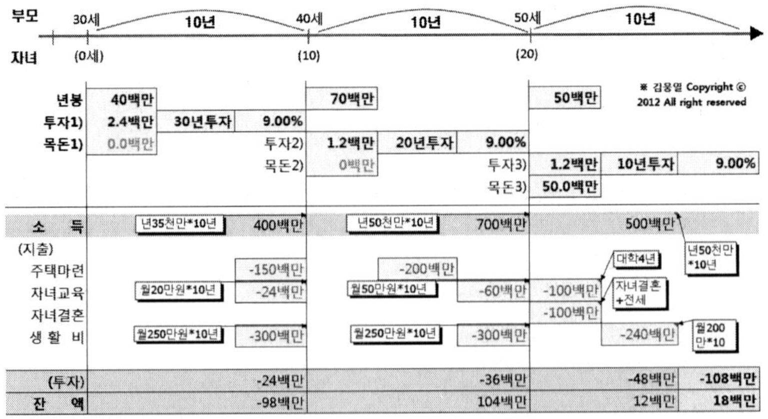

각자의 상황에 따라 조정해 보자. 제시한 사례는 30대 투자1)매월 10만원, 40대 투자2)매월 10만원 추가, 50대에도 투자3)매월 10만원 그리고 목돈 5천만원이 추가된 사례이다. 중간에 목돈이 생기면 "목돈 1)2)3)"으로 표기된 박스에 입력하면 아래 화살표로 표기된 은퇴 후 노후연금이 자동으로 계산된다.

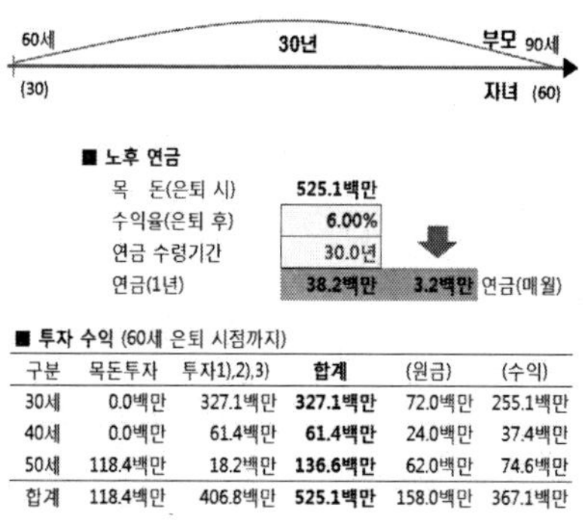

■ 투자 수익 (60세 은퇴 시점까지)

구분	목돈투자	투자1),2),3)	합계	(원금)	(수익)
30세	0.0백만	327.1백만	327.1백만	72.0백만	255.1백만
40세	0.0백만	61.4백만	61.4백만	24.0백만	37.4백만
50세	118.4백만	18.2백만	136.6백만	62.0백만	74.6백만
합계	118.4백만	406.8백만	525.1백만	158.0백만	367.1백만

3. 채권 가격 계산프로그램

▶ 관심 있는 분들만 참조하세요. 모르셔도 됩니다.

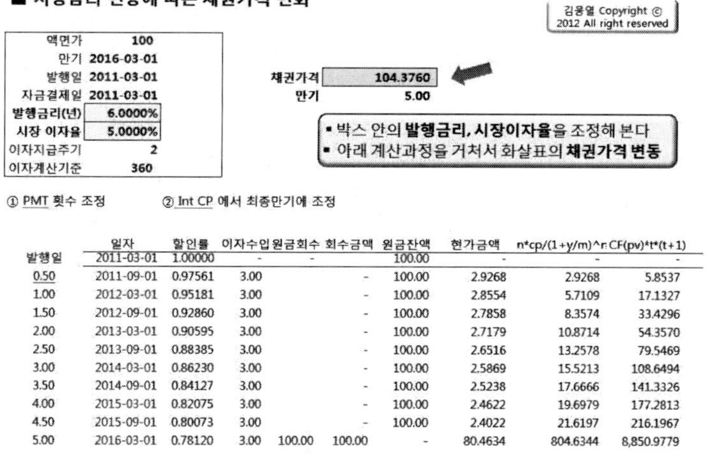

발행일	일자	할인률	이자수입	원금회수	회수금액	원금잔액	현가금액	n*cp/(1+y/m)^r	CF(pv)*t*(t+1)
	2011-03-01	1.00000	-	-		100.00	-	-	-
0.50	2011-09-01	0.97561	3.00		-	100.00	2.9268	2.9268	5.8537
1.00	2012-03-01	0.95181	3.00		-	100.00	2.8554	5.7109	17.1327
1.50	2012-09-01	0.92860	3.00		-	100.00	2.7858	8.3574	33.4296
2.00	2013-03-01	0.90595	3.00		-	100.00	2.7179	10.8714	54.3570
2.50	2013-09-01	0.88385	3.00		-	100.00	2.6516	13.2578	79.5469
3.00	2014-03-01	0.86230	3.00		-	100.00	2.5869	15.5213	108.6494
3.50	2014-09-01	0.84127	3.00		-	100.00	2.5238	17.6666	141.3326
4.00	2015-03-01	0.82075	3.00		-	100.00	2.4622	19.6979	177.2813
4.50	2015-09-01	0.80073	3.00		-	100.00	2.4022	21.6197	216.1967
5.00	2016-03-01	0.78120	3.00	100.00	100.00	-	80.4634	804.6344	8,850.9779

4. 금융상품 수익률비교(86~2010년도 / 한국과 미국) → 투자가 최선이었다

No	연도	한국 물가지수	한국 금리(통안채)	한국 코스피지수	미국 물가지수	미국 금리(리보1Y)	미국 다우지수	미국 S&P지수	배당률 다우	배당률 S&P	배당률 코스피
1	1986	40.81		272.60			1,895.95	242.17			3.5
2	1987	42.05	12.86	525.10	4.40	7.88	1,938.80	247.08			2.1
3	1988	45.06	14.95	907.20	4.40	9.63	2,168.60	277.72			1.4
4	1989	47.63	15.24	909.70	4.60	8.25	2,753.20	353.40			1.2
5	1990	51.71	15.58	696.10	6.10	7.56	2,633.66	330.22			1.5
6	1991	56.54	17.68	610.90	3.10	4.31	3,168.83	417.09			1.8
7	1992	60.05	15.78	678.40	2.90	4.06	3,301.11	435.71		2.8	1.9
8	1993	62.93	12.39	866.20	2.70	3.81	3,754.09	466.45		2.7	1.4
9	1994	66.88	12.34	1,027.37	2.70	7.75	3,834.44	459.27	2.4	2.8	1.2
10	1995	69.87	13.47	882.94	2.50	5.43	5,117.12	615.93	2.4	2.2	1.1
11	1996	73.31	12.11	651.20	3.30	5.79	6,448.27	740.74	2	1.9	1.5
12	1997	76.57	12.77	376.30	1.70	5.97	7,908.25	970.43	1.7	1.5	1.9
13	1998	82.32	12.38	562.46	1.60	5.10	9,181.43	1,229.23	1.5	1.2	1.7
14	1999	82.99	7.42	1,028.10	2.70	6.50	11,497.12	1,469.25	1.4	1.2	0.7
15	2000	84.87	7.81	504.62	3.40	6.00	10,786.85	1,320.28	1.7	1.2	2.4
16	2001	88.32	5.45	693.70	1.60	2.44	10,021.50	1,148.08	1.5	1.3	1.7
17	2002	90.76	5.19	627.60	2.40	1.45	8,341.63	879.82	2.1	1.7	1.8
18	2003	93.95	4.42	810.70	1.90	1.46	10,453.92	1,111.92	1.8	1.6	2.1
19	2004	97.32	3.92	895.90	3.30	3.10	10,783.01	1,211.92	2.2	1.8	2.2
20	2005	100.00	3.97	1,379.40	3.40	4.84	10,717.50	1,248.29	2.6	1.7	1.7
21	2006	102.20	4.67	1,434.46	2.50	5.33	12,463.15	1,418.30	2.2	1.7	1.7
22	2007	104.80	5.21	1,897.10	4.10	4.22	13,264.82	1,468.36	2.5	2	1.4
23	2008	109.70	5.33	1,124.47	0.10	2.00	8,776.39	903.25	3.5	3.1	2.6
24	2009	112.80	2.98	1,682.77	2.70	0.98	10,428.05	1,115.10	2.1	2.1	1.2
25	2010	116.10	3.03	2,051.00	1.50	0.78	11,577.51	1,257.64	2.5	1.8	1.1
성장률(연)		4.45%		8.77%	2.90		7.83%	7.11%	2.1	1.9	1.7
평균배당률				1.71%			2.12%	1.91%			
총수익률		4.45%		10.48%	2.90		9.95%	9.02%			

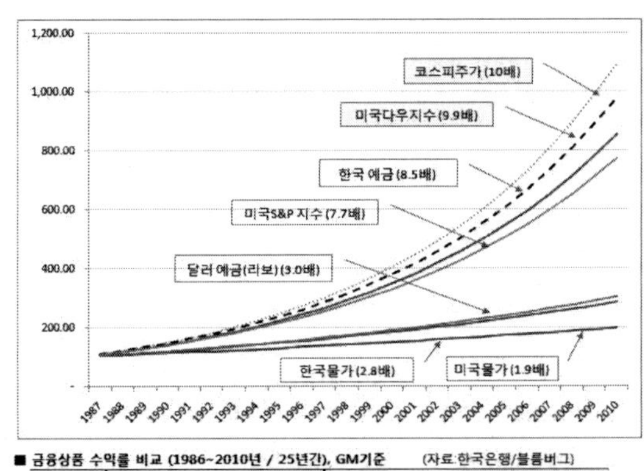

■ 금융상품 수익률 비교 (1986~2010년 / 25년간), GM기준　　　(자료:한국은행/블룸버그)

구분	한국물가	예금이자	코스피	미국물가	예금(리보)	다우지수	S&P 지수
1986년초	100.00	100.00	**100.00**	100.00	100.00	**100.00**	**100.00**
2010년말	284.49	854.76	**1,091.65**	198.26	304.50	**978.63**	**774.73**
수익률(연)	4.45%	9.35%	**10.47%**	2.89%	4.75%	**9.97%**	**8.91%**
(순위)	6	3	**1**	7	5	**2**	**4**
물가대비 초과수익 ☞		2.0배	2.8배		0.5배	3.9배	2.9배

※ 향후 금리는 지속 하향추세 이지만 전체 시장지수는 지속성장 한다.(표10-3)참조

5. 워런 버핏의 조언 → 전체 시장 인덱스 투자가 최선이다

(동영상 확인 kindkim1@blog.me)

버핏이 방송 인터뷰를 통하여 공개적으로 투자 문의를 받고 답변한 내용입니다.
저는 제 책을 통해서 워런 버핏이 왜 이렇게 이야기를 했는지를 설명한 것이구요…

〈자문 요청자〉
- 나이 : 55세
- 자녀 : 대학 입학생 2명
- 금액 : 1백만불(약11억원)

〈아나운서〉
- 어디에 투자하는 것이 최선일까요?
  당신(워런버핏)이 운영중인 펀드에 투자해야 할까요?

〈워런 버핏〉
- 아닙니다.
- 여러분이 전체 산업에 투자를 하시게 된다면… 즉 인덱스펀드에 투자를 하시다면…
  그리고 오랜 시간동안 지속해서 투자를 하신다면… 또한 펀드 수수료가 저렴한 것을
  선택하신다면… 그 것이 바로 최상의 투지 대안이 될 것입니다…

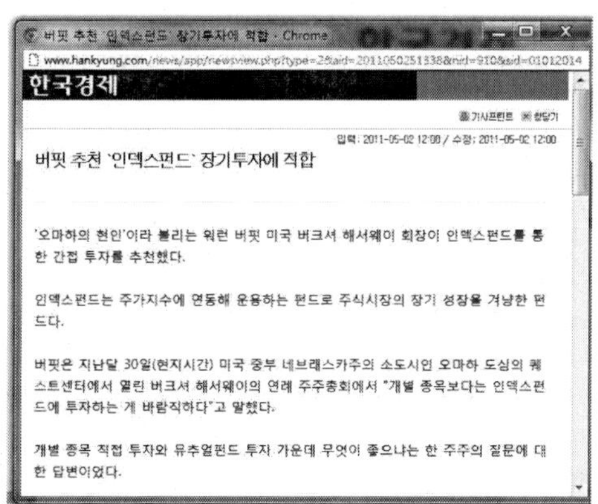

www.hankyung.com/news/app/newsview.php?type=2&aid=2011050251338&nid=910&sid=01012014

한국경제

기사프린트   창닫기

입력: 2011-05-02 12:00 / 수정: 2011-05-02 12:00

버핏 추천 '인덱스펀드' 장기투자에 적합

'오마하의 현인'이라 불리는 워런 버핏 미국 버크셔 해서웨이 회장이 인덱스펀드를 통한 간접 투자를 추천했다.

인덱스펀드는 주가지수에 연동해 운용하는 펀드로 주식시장의 장기 성장을 겨냥한 펀드다.

버핏은 지난달 30일(현지시간) 미국 중부 네브래스카주의 소도시인 오마하 도심의 퀘스트센터에서 열린 버크셔 해서웨이의 연례 주주총회에서 "개별 종목보다는 인덱스펀드에 투자하는 게 바람직하다"고 말했다.

개별 종목 직접 투자와 뮤추얼펀드 투자 가운데 무엇이 좋으냐는 한 주주의 질문에 대한 답변이었다.

6. 한국 코스피 시장 지수 35년

▶ 한국 전체시장 코스피 지수의 투자 기간별 수익률 자료이다. 76년부터 매 5년씩 투자기간을 추가하였을 때 투자종료 시점에서 매년 평균적인 투자수익률을 계산했다.

■ 코스피 수익률 (1976~2010) → 누적 투자기간 별

투자기간	연도	주가지수	주가변동성	35년 투자시			누적 수익률 (%)					
				HPR	누적수익%	누적수익%	30년	25년	20년	15년	10년	5년
35	1976	104.00				**9.17%**						
34	1977	137.00	31.7%	132%	113.53	109.17%						
33	1978	144.90	5.8%	106%	123.94	119.17%						
32	1979	119.00	-17.9%	82%	135.30	130.09%						
31	1980	106.90	-10.2%	90%	147.70	142.02%						
30	1981	131.40	22.9%	123%	161.24	155.04%	**9.94%**					
29	1982	127.30	-3.1%	97%	176.02	169.25%	109.94%					
28	1983	121.20	-4.8%	95%	192.15	184.76%	120.87%					
27	1984	142.50	17.6%	118%	209.76	201.69%	132.88%					
26	1985	163.40	14.7%	115%	228.99	220.18%	146.08%					
25	1986	272.60	66.8%	167%	249.97	240.36%	160.60%	**8.77%**				
24	1987	525.10	92.6%	193%	272.89	262.39%	176.56%	108.77%				
23	1988	907.20	72.8%	173%	297.90	286.44%	194.11%	118.31%				
22	1989	909.70	0.3%	100%	325.20	312.70%	213.41%	128.69%				
21	1990	696.10	-23.5%	77%	355.01	341.36%	234.62%	139.98%				
20	1991	610.90	-12.2%	88%	387.55	372.64%	257.93%	152.26%	**6.58%**			
19	1992	678.40	11.0%	111%	423.07	406.80%	283.57%	165.62%	106.58%			
18	1993	866.20	27.7%	128%	461.85	444.09%	311.75%	180.15%	113.60%			
17	1994	1,027.37	18.6%	119%	504.18	484.79%	342.74%	195.95%	121.07%			
16	1995	882.94	-14.1%	86%	550.39	529.22%	376.80%	213.14%	129.04%			
15	1996	651.20	-26.2%	74%	600.84	577.73%	414.25%	231.84%	137.54%	**8.54%**		
14	1997	376.30	-42.2%	58%	655.91	630.68%	455.42%	252.17%	146.59%	108.54%		
13	1998	562.5	49.5%	149%	716.03	688.49%	500.68%	274.30%	156.24%	117.81%		
12	1999	1,028.1	82.8%	183%	781.66	751.59%	550.44%	298.36%	166.52%	127.87%		
11	2000	504.6	-50.9%	49%	853.30	820.48%	605.15%	324.53%	177.48%	138.79%		
10	2001	693.7	37.5%	137%	931.51	895.69%	665.29%	353.00%	189.16%	150.64%	**12.80%**	
9	2002	627.6	-9.5%	90%	1,016.89	977.78%	731.42%	383.97%	201.62%	163.51%	112.80%	
8	2003	810.7	29.2%	129%	1,110.10	1067.40%	804.11%	417.65%	214.89%	177.47%	127.24%	
7	2004	895.9	10.5%	111%	1,211.85	1165.24%	884.03%	454.29%	229.03%	192.63%	143.53%	
6	2005	1,379.4	54.0%	154%	1,322.92	1272.04%	971.89%	494.14%	244.10%	209.08%	161.90%	
5	2006	1,434.5	4.0%	104%	1,444.18	1388.63%	1068.48%	537.49%	260.17%	226.93%	182.62%	**9.35%**
4	2007	1,897.1	32.3%	132%	1,576.55	1515.91%	1174.68%	584.64%	277.30%	246.31%	206.00%	109.35%
3	2008	1,124.5	-40.7%	59%	1,721.05	1654.85%	1291.42%	635.92%	295.55%	267.35%	232.37%	119.57%
2	2009	1,682.8	49.7%	150%	1,878.80	1806.53%	1419.78%	691.71%	315.00%	290.18%	262.11%	130.75%
1	2010	2,051.0	21.9%	122%	2,051.00	**1972.12%**	**1560.88%**	**752.38%**	**335.73%**	**314.96%**	**295.66%**	**142.98%**
투자개시 시점의 주가 1)						104.00	131.40	272.60	610.90	651.20	693.7	1,434.5
투자기간별 기하평균 누적수익률 2)						1972.12%	1560.88%	752.38%	335.73%	314.96%	295.66%	142.98%
검증 (2010년도 주가와 일치여부) 1) X 2)						2,051.0	2,051.0	2,051.0	2,051.0	2,051.0	2,051.0	2,051.0

7. 금융시장 참여기관 → 투자기관별로 특성이 다양하다

■ 시장 참여자			고객	투자 목적	투자 기간	기다릴 여력 (자금,심리)	투자자 투자 성향	감독기관 Issue	기타
개 인				단기수익	단기	있음	시장이해부족 심리적 불안감	없음	시장의 특성 무시/무감각
기관	국내	은행	예금주	ALM(유동성)	단기/보수	없음	유동성조절	매우강함	철저하게 포트 폴리오 운영원리 - **Big Data**기준 - 투자원리 준수 - 투자원칙 준수
		증권사	펀드가입자	복합적	복합	상황별	복합적	매우강함	
		보험사	보험가입자	ALM(유동성)	중기/보수	있음	AML	매우강함	
		연금,기금	연금납부자	장기수익	장기/보수	있음	포트폴리오 운영	다소강함	
	해외	증권	해외펀드 /연기금 가입자	장기수익	복합	있음	포트폴리오 운영	매우강함	
		연기금/투자		장기수익	중장기	있음	포트폴리오 운영	다소강함	
		펀드운용사	일반투자자	복합적	공격적	부족	포트폴리오운영	약함	레버리지 사용
시장의 특성				기업성장 지원역할	장기투자 유리	절대 필요 Mean Return	포트폴리오 투자원리 적용		시장은 항상 마지막 승리자

■ 관련기관	종류	역할	업무내용	수익원	운영 원칙
	자산운영사	펀드개발	증권사 및 은행에서 펀드판매 대행	**펀드관리/운영료**	포트폴리오 운영
김웅열 Copyright ⓒ 2012 All right reserved	부동산신탁	부동산펀드	부동산 펀드(리츠) 개발	**펀드관리/운영료**	개별 프로젝트 운영
	투자자문사	투자자문	개인/기관(증권,보험,연기금) 투자자문	자문료	포트폴리오 운영
	선물회사	해지거래	주식, 파생, MA등 단기집중투자	**개례수수료**	레버리지 적극활용

8. 금융기관 발전단계 → 한국은 지금 2단계와 3단계 사이에 있다

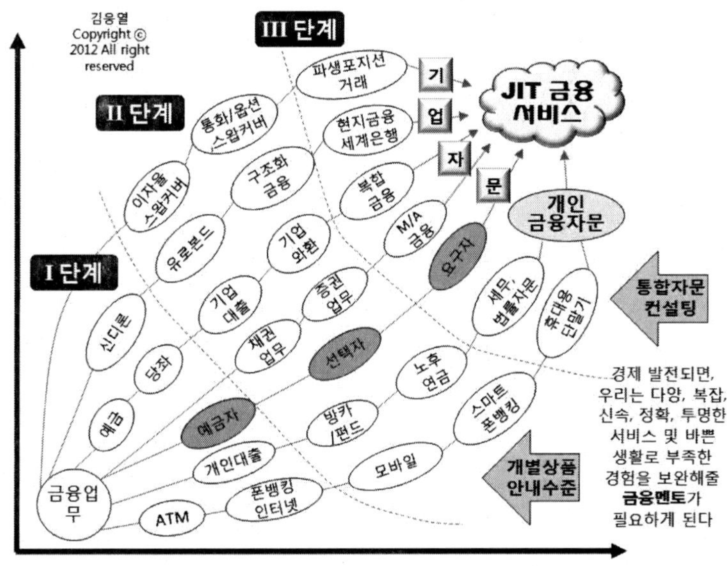

9. 기본이 중요하다 → 개인, 금융기관, 기업 모두들 본질적인 장기 균형유지가 핵심

	실물경제 (공급) <기업>		금융경제 (기업/개인 중계) <은행>		<펀드/연기금>		실물경제 (수요) <개인>	
	자산	부채	자산	부채	자산	부채	자산	부채
	공장 기계 신규사업	차입금 채권 주식	대출금	예금,적금	주식 채권	투자 - 위탁금	예금/적금 투자 - 위탁금	대출금

항목	기업	은행	펀드/연기금	개인
미션	장수기업	기업자금 공급	투자자금 운용	즐거운 인생
미션특징	장기목표	중장기 역할	장기목표	장기목표
실물경제역할	상품/서비스 공급	자금중계	투자수익률 달성	소비/저축
수익주는 고객	소비자(개인)	기업,개인(대출금)	기업(채권,주식)	기업(봉급)
수익원	매출액크기	예금,대출 금리차	주식, 채권 투자수익	노동(직장/자영업)
위험요인	판매량 감소	금리변동	금리,성장/배당률 **변동**	경쟁력 약화/**노후준비**
위험근원	상품/서비스 경쟁력	실물경기	**실물경기/시장수급**	재학습 부족/**조급함**
위험발생주기	장기간	중·장기간	단기간	장기간/**장기간**
위험극복방안	신상품 개발	ALM	**포트폴리오 운영 위험 분산투자**	변화 적용력강화 / **핵심개념이해**
위험형태	소비자상품외면	기업 신용위험	기업신용/**시장위험**	경쟁력상실/노후대안?
위험측정	소비자 만족도 조사	신용평가	등급,표준편차, 확률	[지시]
위험관리	신제품 개발	여신건전성관리	평균,상관관계,회기	[감독]

10. 노후준비와 금융상품 특성 → 저자의 경험적 생각을 정리한 것이다

구 분	시장지수	주식(개별)	채권	부동산	상품(현물)	파생상품	단기금융상품
거래유형	인덱스 ETF	보통주 우선주 전환/교환 사채	정부채 회사채	주거용 상업용 (리츠)	원자재 에너지	합성포지션 (주식,채권, 부동산,상품 등)	CD, CP 유동화 ABCP MMF
수익원	기업본질가치 (부가가치창출)	기업본질가치 (부가가치창출)	이자율	임대료 매매차익	마켓타이밍 (거시경기, 수급)	마켓타이밍 (미시경기, 차익)	이자율
가격결정자	무한 다수	무한 다수	정부 금리정책 소수 기관투자자	정부 부동산정책 소수 기관투자자	생산자능력,재고수준 소수 다양한 투자자	금리, 환률, 주가 소수 다양한 투자자	정부 금리정책 소수 기관투자자
거래방식	간접	직접거래(주주)	간접	직접(간접)	간접	간접	간접
거래대상	시장전체 + 펀드운영기관	기업 + 펀드운영기관	기업 + 펀드운영기관	부동산 + 운영사	상품 + 운영사	합성거래 + 운영사	기업 + 금융기관
위험(운영)	미미 (감독대상)	미미 (감독대상)	미미 (감독대상)	다소 높음 (당사자거래)	다소 높음 관리어려움	다소 높음 관리어려움	미미 (감독대상)
위험(시장)	장기 미미 단기 큼	장기 큼 단기 큼	장기 큼 단기 작음		장, 단기 다소 큼	장, 단기 다소 큼	단기 미미
위험(원인)	경기변동 부도없음	경기변동 부도발생	금리변동 부도발생	수요 변동 거래정보 부족	현물수급변동 정보 부족	시장 변동성 유동성 부족	부도위험
위험(부도)	없음	있음	다소 높음	다소 높음	다소 있음	다소 있음(유동성)	있음
위험(물가상승)	없음	있음	다소 높음	다소 낮음	다소 있음	다소 있음	있음
위험(대비) 성공요인	장기투자 (복리/확률효과)	분산투자	우량채권 선별	미래 현금흐름 정확한 실사	시장 해지	시장 해지	
경험적 사실	수익은 크고 위험은 적음 (장기)	수익은 크고 위험도 큼 (장기)	수익은 작고 위험도 적음 (중, 장기)	수익은 크고 관리위험도 큼 (장기)	수익은 크고 위험도 큼 (단기, 중기)	수익은 크고 위험도 큼 (단기, 중기)	수익은 작고 위험도 적음 (단기)

11. 데이터 노후경영 → 노후준비 투자과정도 기업경영 전략과 동일하다

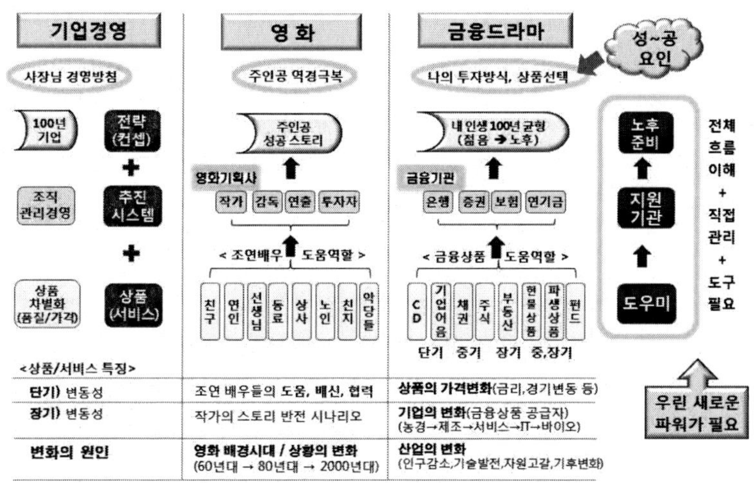

12. 국제금융 → 항상 3박자가 맞아야 한다

13. 투자 흐름도 → 무척 정교하다. 공짜점심은 없다

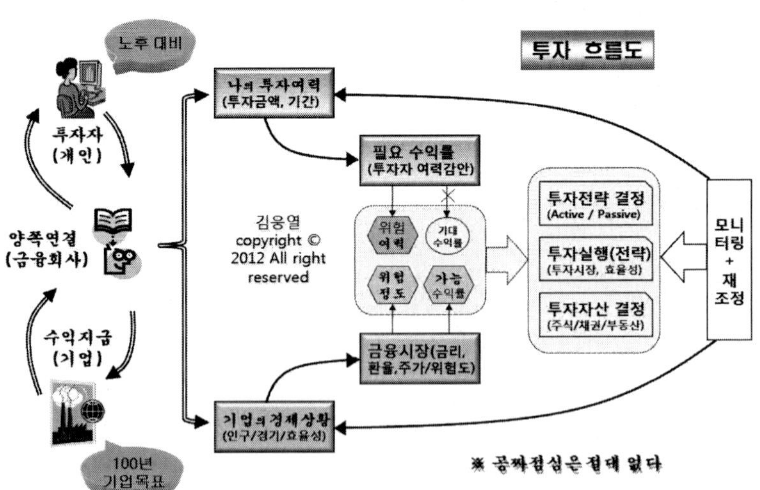